AF253722

ÉPHÉMÉRIDES MILITAIRES

ET

LISTE CHRONOLOGIQUE ET BIOGRAPHIQUE

DES

MINISTRES DE LA GUERRE,

PAR

M. PITTAUD DE FORGES,

Chevalier de la Légion d'honneur, Chef du bureau du secrétariat et des lois et archives
au ministère de la guerre.

STRASBOURG,

IMPRIMERIE DE VEUVE BERGER-LEVRAULT, RUE DES JUIFS, 33.

1851.

JANVIER (LE VERSEAU).

N. L. le 2, à 10 h. 53 m. du m.　　P. L. le 17, à 4 h. 52 m. du s.
P. Q. le 10, à 4 h. 31 m. du s.　　D. Q. le 24, à 8 h. 26 m. du m.

CALENDRIER.			ÉPHÉMÉRIDES MILITAIRES.
1	M.	Circoncision.	Reprise d'Harfleur [*Charles VII*, 1450]. Délivrance de Metz [*Franç. de Guise*, 1553]. Passage de l'Adige [gén. *Brune*, 1801].
2	J.	s. Basile.	Prise de Tortose (1) [gén. *Suchet*, 1811].
3	V.	ste. Geneviève.	Combat de Souaqui, Egypte [gén. *Davout*, 1799]. — de Capoue [gén. *Macdonald*, 1799]. — de Pricros [gén. *Merle*, 1809].
4	S.	s. Rigobert, s. Tite	Combat de la Piedra-Filla [mar. *Soult*, 1809].
5	D.	s. Siméon, *Vig. j.*	Bataille de Turckheim [*Turenne*, 1675]. Prise de Worms (2) [*Hoche*, 1794]. Combat d'Otricoli [gén. *Macdonald*, 1799]. Prise de Narah [col. *Canrobert*, 1850].
6	L.	Les Rois.	Combat d'Hochheim [gén. *Sédillot*, 1793]. — de Bilbao [g. *Roguet*, 1813]. — de la Bastide [mar. *Soult*, 1814].
7	M.	s. Aldric.	Prise de Novare (3) [mar. *de Coigny*, 1734]. — de Breslau [gén. *Vandamme*, 1807].
8	M.	s. Lucien.	Reprise de Calais [*François de Guise*, 1558]. Prise de Lugo (4) [mar. *Soult*, 1809].
9	J.	s. Adrien. s. Just.	Prise de Valence (5) [mar. *Suchet*, 1812]. Combat de Rambervillers [gén. *Montélégier*, 1814].
10	V.	s. Paul.	Défense de Kehl [g. *Desaix* et *Saint-Cyr*, 1797]. Comb. de Wollin [m. *Mortier*, 1807]. — de l'oasis des Ouled-Djellal [g. *Herbillon*, 1847].
11	S.	s. Higin, s. Théod.	Prise de Capoue [gén. *Championnet*, 1799]. Passage de la Brenta [gén. *Brune*, 1801].
12	D.	s. Victorien.	Combat de la Montagne de Louis XIV (6) [gén. *Moncey*, 1794]. — d'Epinal et de Saint-Dié [gén. *Duhesme*, 1814].
13	L.	*Bapt. N. S. J. C.*	Bataille d'Uclès [mar. *Victor*, 1809].
14	M.	s. Hilaire.	Prise d'Heusden [*Pichegru*, 1795]. Bataille de Rivoli [gén. *Bonaparte*, 1797]. Combat et prise de Sienne [gén. *Brune*, 1801].
15	M.	s. Maur. s. Félix.	Reprise du fort de Vauban [gén. *Marchant*, 1794].
16	J.	s. Guillaume.	Bataille de la Favorite [gén. *Bonaparte*, 1797]. Prise de la Corogne [mar. *Soult*, 1809].
17	V.	s. Antoine.	Combat de Kempen [*Guébriant*, 1642]. Prise de Brieg [général *Lefebvre-Desnouettes*, 1807].
18	S.	Ch. de s. Pierre.	Prise d'Amersfoort et de Geertruidenberg [gén. *de Winther* et *Bonneau*, 1795]. Pacification de la Vendée [gén. *Hédouville*, 1800].
19	D.	s. Sulpice.	Combat de Valls (7) [mar. *Lamothe-Houdancourt*, 1642]. Prise de Peschiera (8) [gén. *Chasseloup-Laubat*, 1801].
20	L.	s. Sébastien.	Prise d'Amsterdam et de Dordrecht [*Pichegru*, 1795]. Passage de la Sierra-Morena [*Joseph Bonaparte*, 1810].
21	M.	ste. Agnès.	Prise de Gorcum [*Pichegru*, 1795].
22	M.	s. Vincent.	Bataille de Sâhmoud, Egypte [gén. *Desaix*, 1799].
23	J.	s. Ildefonse.	Prise de Girone (9) [duc *de Noailles*, 1711]. — d'Hellevœtsluis [*Pichegru*, 1795]. — d'Olivença [mar. *Soult* et *Mortier*, 1811].
24	V	s. Babylas.	Combat de Bar-sur-Aube (10) [mar. *Mortier*, 1814.] — de Saint-Tron [gén. *Maison*, 1814].
25	S.	Conv. de s. Paul.	Délivrance de Colmar [card. *de Lavalette*, 1636]. Combat de Mohrungen [*Bernadotte*, 1807]. — d'Alcanitz [gén. *Wathier*, 1809].
26	D.	ste. Paule.	Combat de Carpenedolo [gén. *Massena*, 1797]. — de Los Castillegos [gén. *Maransin*, 1811].
27	L.	s. Julien.	Prise du Ferrol [mar. *Soult*, 1809]. Combat de Saint-Dizier (11) [*Napoléon*, 1814].
28	M.	s. Charlemagne.	Combat de Mori et Torbole [gén. *Murat* et *Vial*, 1797]. — d'Alcala-Réal et prise de Grenade [gén. *Sébastiani*, 1810].
29	M.	s. Franç. de Sales	Bataille de Brienne [*Napoléon*, 1814].
30	J.	ste. Batilde.	Combat de Caliano et prise de Trente (12) [gén. *Belliard*, 1797]. — de Medina-Cœli [gén. *Vichery*, 1813].
31	V.	ste. Louise.	Prise de Séville (13) [mar. *Victor*, 1810]. Combat de Checa [gén. *Paris*, 1811].

(1) Déjà pris, le 10 juillet 1648, par le mar. de Schomberg, et par le duc d'Orléans, le 11 juill. 1708.

(2) Déjà pris par le duc d'Enghien, en 1644, par le dauphin, en 1688, et par le mar. de Villars, en 1713.

(4) Débloqué le 17 mai suivant par le mar. Soult.

(5) Déjà pris par le duc d'Orléans, le 8 mai 1707.

(6) Le 22 juin 1793, le gén. Servan avait déjà enlevé cette position.

(7) Le 25 févr. 1809, le gén. Gouvion-Saint-Cyr

(3) Pris de nouveau par Murat, le 29 mai 1800. eut une brillante affaire au même endroit. —

3.e combat, le 15 janvier 1811, mar. Macdonald.

(8) Déjà pris le 1 juin 1796, par Augereau.

(9) Déjà pris le 25 juin 1694 par le maréchal de Noailles, père du duc, le fut encore par le maréchal Augereau, le 10 décembre 1809.

(10) 2.e et 3.e combats à Bar-sur-Aube, les 26 et 27 février 1814.

(11) 2.e comb. de Saint Dizier, le 26 mars 1814.

(12) Trente, déjà pris le 5 septembre 1796, le fut encore le 7 janvier 1801 et le 14 novembre 1805.

(13) Pris de nouveau le 21 juin 1823.

FÉVRIER (LES POISSONS).

N. L. le 1, à 6 h. 11 m. du m. | P. L. le 16, à 3 h. 38 m. du m.
P. Q. le 9, à 9 h. 5 m. du m. | D. Q. le 22, à 9 h. 48 m. du s.

CALENDRIER.		ÉPHÉMÉRIDES MILITAIRES.
1	S.	s. Ignace.	Défense de Crémone (1) [mar. *de Villeroi*, 1702]. Bataille de la Ro-thière [*Napoléon*, 1814].
2	D.	PURIFICATION.	Prise de Mantoue [gén. *Bonaparte* et *Sérurier*, 1797]. — de Faënza [gén. *Victor*, 1797].
3	L.	s. Blaise.	Prise de la flotte hollandaise au Texel [*Pichegru*, 1795]. Combat de Bergfried [mar. *Soult*, 1807].
4	M.	ste. Jeanne.	Prise de Peniscola [g. *Séveroli*, 1812]. Combat de Saint-Thiébault, [gén. *Michel*, 1814].
5	M.	ste. Agathe.	Combats de Deppen (2) et de Watersdorff [mar. *Ney* et prince *Murat*, 1807]. Prise de Malaga [gén. *Sébastiani*, 1810].
6	V.	s. Vaast.	Combat de Hoff [prince *Murat*, 1807].
7	J.	s. Romuald.	Prise de Besançon (3) [prince *de Condé*, 1668]. — de Vigo [mar. *Soult*, 1809]. Combat de Cherg-el-Tebboul [gén. *Gentil*, 1846].
8	S.	s. Jean de Matha.	Bataille de Mansoûrah (4) [*Louis IX*, 1250]. — d'Eylau [*Napoléon*, 1807]. — d'Altafulla [gén. *Maurice Mathieu* et *Lamarque*, 1812]. — du Mincio [prince *Eugène*, 1814].
9	D.	ste. Apolline.	Prise d'Ancône (5) [gén. *Victor*, 1797]. Combat de Laferté-sous-Jouarre [mar. *Macdonald*, 1814].
10	L.	ste. Scholastique	Prise de Lorette [gén. *Victor*, 1797]. Combat de Champ-Aubert [*Napoléon*, 1814].
11	M.	s. Séverin.	Bataille de Montmirail (6) [*Napoléon*, 1814].
12	M.	ste. Eulalie.	Combat de Marienwerder [mar. *Lefebvre*, 1807]. — de Château-Thierry (7) [*Napoléon*, 1814].
13	J.	s. Lézin.	Combat en avant d'Hesney, Egypte [gén. *Davout*, 1799]. — de Cuterelles [mar. *Oudinot*, 1814].
14	V.	s. Valentin.	Prise de Dôle (8) [*Louis XIV*, 1668]. Combat de Vauchamp [*Napoléon*, 1814].
15	S.	5 plaies de N. S.	Combat d'El-Arish [gén. *Reynier* et *Kleber*, 1799]. — de Saint-Palais [mar. *Soult*, 1814].
16	D.	*Septuagésime.*	Combat d'Ostrolenka [gén. *Savary*, 1807]. Prise de Schweidnitz [gén. *Vandamme*, 1807]. Combat de Villeos [gén. *Leval*, 1810].
17	L.	s. Silvain.	Combat d'Aboumanah, Egypte [gén. *Friant*, 1799]. — de Mormant et de Valjouan [mar. *Victor* et gén. *Gérard*, 1814].
18	M.	s. Flavien.	Combat de Voltri (9) [mar. *de Richelieu*, 1748]. — de Montereau [*Napoléon*, 1814].
19	M.	s. Boniface.	Prise de Brescia [*Gaston de Foix* et *Bayard*, 1512]. Bataille de la Gébora [mar. *Soult* et *Mortier*, 1811].
20	J.	s. Eucher.	Prise de Bruxelles (10) [mar. *de Saxe*, 1746]. — de Groningue [gén. *Macdonald*, 1795]. Combat de Vich [gén. *Souham*, 1810].
21	V.	s. Sevrien, s. Pép.	Prise de Naples (11) [*Charles VIII*, 1495]. — de Saragosse [mar. *Lannes*, 1809].
22	S.	ste. Isabelle.	Combat de Méry-sur-Seine [gén. *Boyer*, 1814].
23	D.	*Sexagésime.*	Prise de Béfort [mar. *de Laferté*, 1654]. Combats de Foi et de Bidole [gén. *Murat* et *Belliard*, 1797]. Reprise de Troyes [gén. *Gérard*, 1814].
24	L.	s. Mathias.	Bat. de Pavie [*François I.er*, 1525]. Combat de Reus [gén. *Souham*, 1809].
25	M.	s. Félix.	Prise de Breda (12) [*Dumouriez*, 1793]. Combat et prise de Gaza [gén. *Bonaparte*, 1799].
26	M.	s. Nestor. s. Fort.	Combat de Braunsberg [gén. *Dupont*, 1807].
27	J.	s. Léandre.	Combat de Meaux (13) [mar. *Marmont*, 1814]. Bataille d'Orthez [mar. *Soult*, 1814].
28	V.	s. Romain.	Prise de Gray [duc *de Navailles*, 1674]. Combat de Gué-à-Trême [gén. *Vincent* et *Christiani*, 1814].

(1) Pris de nouveau par Massena, le 12 mai 1796.
(2) 2.e combat livré à Deppen par le maréchal Ney, le 6 juin 1807.
(3) Besançon fut pris une 2.e fois le 15 mai 1674.
(4) 2.e combat à Mansoûrah, le 10 août 1798.
(5) Rendu le 13 nov. 1799, après une défense héroïque du génér. Monnier; repris en 1831 par le colonel Combes et le capitaine de vaisseau Baudin.
(6) 2.e combat à Montmirail, le 17.
(7) 2.e combat à Château-Thierry, le 22.
(8) Dôle pris une 2.e fois par Louis XIV, le 6 juin 1674.

(9) 2.e combat à Voltri, livré le 9 avril 1796 par le gén. Cervoni; 3.e combat, le 12 avril 1800, par le gén. Massena.
(10) Bruxelles, pris une 2.e fois, le 14 nov. 1792, par le gén. Dumouriez; une 3.e fois par le g. Jourdan, le 11 juillet 1794.
(11) Naples, pris le 20 janvier 1799 par le gén. Championnet; le 13 février 1806 par le maréchal Massena.
(12) Bréda, pris de nouveau le 28 déc. 1794, par le gén. Pichegru.
(13) 2.e combat livré à Meaux, le 27 mars suiv.

MARS (LE BÉLIER).

N. L. le 3, à 1 h. 24 m. du m.　　P. L. le 17, à 1 h. 28 m. du s.
P. Q. le 10, à 9 h. 54 m. du s.　　D. Q. le 24, à 1 h. 35 m. du s.

		CALENDRIER.	ÉPHÉMÉRIDES MILITAIRES.
1	S.	s. Aubin.	Combat de Besalu [g. *Charlet*, 1795]. — de Lizy [m. *Marmont*, 1814].
2	D.	*Quinquagésime*.	Combat de Bar-sur-Seine [mar. *Macdonald*, 1814]. — et prise de Parme [gén. *Grenier*, 1814].
3	L.	ste. Cunégonde.	Bat. de Rheinsfeld (1) [duc *de Weimar*, 1638]. Combats de Neuilly-St-Front et sur la Barce [m. *Marmont, Macdonald* et *Oudinot*, 1814].
4	M.	s. Casimir, s. Adr.	Prise de Bentheim [g. *Moreau*, 1795]. — de Biskara [d. *d'Aumale*, 1844].
5	M.	*Les Cendres*.	Combat de Neueneck et prise de Berne [gén. *Brune*, 1798]. Combat de Chiclana [mar. *Victor*, 1811].
6	J.	ste. Colette.	Combat du Pas-de-Suze [*Louis XIII*, 1629]. — de Lago-Negro [gén. *Compère*, 1806].
7	V.	ste. Perpétue.	Prise de Jaffa [gén. *Bonaparte*, 1799]. Bataille de Craonne [*Napoléon*, 1814]. Combat de Ben-nahr [col. *Camou*, 1846].
8	S.	s. Jean de Dieu.	Combats de Coptos et de Benouth [gén. *Belliard*, 1799].
9	D.	ste. Françoise.	Prise de Gand (2) [*Louis XIV*, 1678]. Combat de Campo-Tenese [gén. *Reynier*, 1806]. Bataille de Laon [*Napoléon*, 1814].
10	L.	s. Doctrové.	Prise de Badajoz [mar. *Soult* et *Mortier*, 1811].
11	M.	s. Euloge.	Prise de Vesoul [duc *de Navailles*, 1674]. Combat de Redinha [mar. *Massena* et *Ney*, 1811]. — de Mâcon [mar. *Augereau*, 1814].
12	M.	*Q. T. s. Pol. s. Max.*	Prise de Chaves [mar. *Soult*, 1809]. Combat de Viella [gén. *Berton*, 1814]. — de Ten Salmet [col. *Jusuf*, 1840].
13	J.	ste. Euphrasie.	Bataille de Jarnac [duc *d'Anjou*, 1569]. Reprise de Reims [*Napoléon*, 1814].
14	V.	*Q. T.* ste. Math.	Bataille d'Ivry [*Henri IV*, 1590]. Combat de Condeixa [m. *Ney*, 1811].
15	S.	*Q. T.* s. Zacharie.	Combat de Qâquoun, Syrie [gén. *Bonaparte*, 1799]. Prise de Cherchell [mar. *Valée*, 1840].
16	D.	*Reminiscere*.	Passage du Tagliamento (3) [gén. *Bonaparte*, 1797]. Combats de Cormeron et de Nogent [gén. *Leval* et *Gérard*, 1814].
17	L.	ste. Gertrude.	Prise de Valenciennes (4) [*Louis XIV*, 1677]. Combat de Mezalbor [gén. *Leval*, 1809].
18	M.	s. Alexandre.	Bataille de Neerwinden (5) [gén. *Dumouriez*, 1793].
19	M.	s. Joseph ép. de M.	Prise de Gradisca (6) [gén. *Bernadotte*, 1797]. Combats de Méry et de Plancy [*Napoléon* et le gén. *Sébastiani*, 1814].
20	J.	s. Joachim.	Bataille d'Héliopolis [gén. *Kleber*, 1800]. — d'Arcis-sur-Aube [*Napoléon*, 1814]. Combat de Tarbes [mar. *Soult*, 1814].
21	V.	s. Benoît.	Prise de Villefranche (7) [*Catinat*, 1691]. Combat de Ponteba [gén. *Massena*, 1797].
22	S.	s. Émile.	Bataille de Beaugé [mar. *de La Fayette*, 1421]. Combats de Tarvis (8) et de Neumarck [gén. *Massena* et *Dumas*, 1797].
23	D.	*Oculi*.	Attaque de Feldkirch (9) [gén. *Massena*, 1799]. Combat de Celorico [mar. *Massena*, 1811].
24	L.	s. Gabriel.	Prise de Trieste [gén. *Bernadotte*, 1797]. — de Salahyéh (10) [gén. *Kleber*, 1800]. Combat d'Afir [gén. *Cavaignac*, 1846].
25	M.	*Annonciation*.	Combat près de Messine [mar. *de Vivonne*, 1676]. Prise de Clèves [m.is *de Calvo*, 1679]. Bataille de Stokach (11) [g. *Jourdan*, 1799].
26	M.	s. Ludger.	Bataille de Vérone (12) [gén. *Schérer*, 1799].
27	J.	s. Rupert.	Combat des Trente [*Robert de Beaumanoir*, 1351]. — de Ciudad-Real [gén. *Sébastiani*, 1809].
28	V.	s. Gontrand.	Combat de Mittewald [gén. *Joubert*, 1797]. Bataille de Medellin [mar. *Victor*, 1809]. Combat de Frejedas [mar. *Massena*, 1811].
29	S.	s. Frisque.	Prise de Klagenfurth [gén. *Massena*, 1797]. Bataille et prise d'Oporto [mar. *Soult*, 1809].
30	D.	*Lætare*.	Prise de Pignerol [card. *de Richelieu*, 1630]. Bataille de Paris [*Joseph Bonaparte*, mar. *Mortier* et *Marmont*, 1814].
31	L.	s. Rodolphe.	Bataille de Villefranche [mar. *Lamothe-Houdancourt*, 1642]. Prise de Manresa [mar. *Macdonald*, 1811].

(1) Le 6 juillet 1678, victoire remportée au même endroit par le maréchal de Créqui.

(2) Gand, pris de nouveau le 5 juillet 1708 par le duc de Bourgogne; le 15 juillet 1745 par le comte de Lowendahl; le 12 nov. 1792 par le gén. Labourdonnais; le 5 juillet 1794 par Pichegru; et le 26 mars 1814 par le gén. Maison.

(3) 2.e passage par Massena, le 12 nov. 1805; 3.e, par le prince Eugène, le 11 mai 1809.

(4) Repris par le gén. Schérer, le 27 août 1794.

(5) Une 1.re fut livrée par le mar. de Luxembourg, le 29 juillet 1693.

(6) Pris une 2.e fois par Massena, le 15 nov. 1805.

(7) Déjà pris par le prince de Conti, le 5 juillet 1654; le fut de nouveau par M. de la Feuillade, le 7 mars 1705.

(8) 2.e comb. de Tarvis, 17 mai 1809, pr. Eugène.

(9) Pris le 14 juillet 1800 par les gén. Lecourbe et Molitor.

(10) 1.er comb. livré à Salahyéh, le 11 août 1798.

(11) 2.e bataille livrée à Stokach par le général Lecourbe, le 3 mai 1800.

(12) 2.e bataille livrée devant cette ville par les gén. Schérer et Moreau, le 5 avril 1799.

AVRIL (LE TAUREAU).

N. L. le 1, à 6 h. 42 m. du s. | P. L. le 15, à 10 h. 45 m. du s.
P. Q. le 9, a 7 h. 11 m. du m. | D. Q. le 23, à 7 h. 7 m. du m.

CALENDRIER.			ÉPHÉMÉRIDES MILITAIRES.
1	M.	s. Gilbert, s. Hug.	Prise de Laybach (1) [gén. *Bernadotte*, 1799].
2	M.	s. François de P.	Prise de Laon [*Hugues Capet*, 991]. — de Nice (2) [*Calinat*, 1691]. — de Civita Vecchia [gén. *Championnet*, 1799]. Combat de Bir-el-A'bd, Egypte [gén. *Desaix*, 1799]
3	J.	s. Richard.	Bataille de Navarette [*Du Guesclin*, 1367]. Combat de Hundsmark [gén. *Massena*, 1797]. Prise de Sour, Syrie [gén. *Vial*, 1799]. Combat de Sabugal [mar. *Massena* et gén. *Reynier*, 1811].
4	V.	s. Ambroise.	Combat de Zernez [gén. *Dessole*, 1797]. — de Choa-Ra, Egypte [gén. *Belliard*, 1800]. — de Cantavieja [mar. *Suchet*, 1811].
5	S.	s. Vincent.	Combat de Bardis, Egypte [gén. *Morand*, 1799]. — de Mehallet-el-Kebir, idem [gén. *Valentin*, 1800]. — de Mookern [g. *Grenier*, 1813].
6	D.	*La Passion.*	Combat et prise d'Andaye [gén. *Frégeville*, 1794]. Combats de Botzen et de Milbach [gén. *Joubert*, *Delmas* et *Baraguey-d'Hilliers*, 1797]. — de Montemoro [gén. *Soult*, 1800].
7	L.	ste. Perpétue.	Combat de Blenau [prince *de Condé*, 1652]. Prise de Cambrai [*Louis XIV*, 1677]. Passage de la Bidassoa [1823].
8	M.	s. Gauthier.	Prise de Mantes [*Du Guesclin*, 1364]. Combat de Loubi, près Nazareth [g. *Junot*, 1799]. — de l'Oued Fodda [duc *d'Aumale*, 1846].
9	M.	ste. Marie Ég.	Prise de Mons (3) [*Louis XIV*, 1691]. Combat de Cana [gén. *Kleber*, 1799]. — de Marcorolo [gén. *Soult*, 1800].
10	J.	s. Fulbert.	Combat de Montcilla [gén. *Dagobert*, 1794]. — de Savone [gén. *Massena*, 1800]. Bataille de Toulouse [mar. *Soult*, 1814].
11	V.	N. D. 7 Doul.	Bataille de Ravennes [*Gaston de Foix* et *Bayard*, 1512]. — de Cassel [duc *d'Orléans*, 1677]. — de Montenotte [gén. *Bonaparte*, 1796].
12	S.	s. Jules.	Prise de Constantinople [4.e crois., 1204]. — de Chartres [*Henri IV*, 1591].
13	D.	*Les Rameaux.*	Prise de St-Jean-d'Acre (4) [*Phil.-Aug.*, 1191]. Bat. de Bergen, Hesse. [mar. *de Broglie*, 1759]. Combat de Cossaria [g. *Augereau*, 1796].
14	L.	Mém. de s. Tib.	Bat. de Cérisolles [comte *d'Enghien*, 1544]. — de Millésimo [g. *Bonaparte*, 1796]. Comb. du Djebel Krenença [col. *St.-Arnaud*, 1845].
15	M.	s. Paterne.	Prise du camp de Famars [gén. *Dampierre*, 1793]. Combat et prise de Dego [gén. *Bonaparte*, 1796].
16	M.	N. D. de Piété.	Combat de Ponte di Nava [gén. *Massena*, 1794]. Prise de Ceva [g. *Augereau*, 1796]. Bataille du mont Thabor [g. *Bonaparte*, 1799].
17	J.	s. Anicet.	Prise d'Ormea et de Garessio [gén. *Massena*, 1794]. — d'Arlon (5) [g. *Jourdan*, 1794]. Combat d'Uckermünde [mar. *Mortier*, 1807].
18	V.	s. Parfait.	Bataille de Formigny [*Charles VII*, 1450]. — de Neuwied [gén. *Hoche*, 1797]. Prise de Logrono [gén. *Obert*, 1823].
19	S.	s. Elfège.	Bat. de Calcinato [d. *de Vendôme*, 1706]. — de Tann [*Napoléon*, m. *Davout* et *Lefebvre*, 1809]. Comb. de Pfaffenhoffen [m. *Oudinot*, 1809].
20	D.	PAQUES.	Prise de Saint-Omer [duc *d'Orléans*, 1677]. Combat au défilé de la Dill [gén. *Soult*, 1797]. Bataille d'Abensberg [*Napoléon*, 1809].
21	L.	s. Anselme.	Combat de Landshut (6) [*Napoléon*, 1809]. Occupation de Tiaret [comm. *Desaux*, 1843].
22	M.	ste. Opportune.	Bataille de la Bicoque [*Lautrec*, 1522]. — de Mondovi [gén. *Bonaparte*, 1796]. — d'Eckmühl [*Napoléon*, 1809].
23	M.	Mém. des George	Combat et prise de Ratisbonne [*Napoléon*, 1809]. Combat de Bab-el-Thaza [gén. *Bedeau*, 1842].
24	J.	s. Léger.	Prise du petit Saint-Bernard [gén. *Bagdelone*, 1794]. — de Bène [g. *Sérurier*, 1796]. — des hauteurs de Muriatto [g. *Massena*, 1800].
25	V.	s. Marc.	Bataille d'Almanza [mar. *de Berwick*, 1707]. Prise de Cherasco, de Fossano et d'Alba [gén. *Massena*, *Sérurier* et *Augereau*, 1796].
26	S.	s. Clet.	Combats d'Arneguy et d'Iraméaca [gén. *Mauco* et adj.-gén. *Harispe*, 1794]. Comba. de la Tafna [gén. *d'Arlanges*, 1836].
27	D.	*Quasimodo.*	Bataille de Cérignole [duc *de Nemours*, 1503]. Combat d'Oms [gén. *Dugommier*, 1794]. — de Weissenfels [mar. *Ney*, 1813].
28	L.	s. Vital.	Comb. de Bascara (7) [g. *Pérignon*, 1795]. — de l'Afroun [duc *d'Orléans*, 1840]. — de Moghar el Fogani [gén. *Cavaignac*, 1847].
29	M.	s. Pierre.	Comb. de Mont-Cassel et de Moesscroen [g. *Souham* et *Moreau*, 1794].
30	M.	s. Eutrope.	Prise de la redoute de Montesquiou [gén. *Dugommier*, 1794]. Combat devant Gênes [gén. *Massena*, 1800].

(1) Pris de nouv. le 22 mai 1809 par Macdonald.
(2) Pris de nouveau le 9 avril 1705 par M. de la Feuillade, et le 29 sept. 1792 par le gén. Anselme.
(3) Mons fut pris de nouveau par le prince de Conti, le 10 juillet 1746; par le gén. Dumouriez, le 7 nov. 1792, et par le g. Jourdan, le 1 juill. 1794

(4) 21 mai 1799, levée du siége de Saint-Jean-d'Acre par le gén. Bonaparte.
(5) Déjà pris le 9 juin 1793 par le gén. Delaage.
(6) 1.er combat livré à Landshut par le g. Leclerc, le 9 juillet 1800.
(7) 1.er combat de Bascara, le 27.

N. L. le 1, à 9 h. 11 m. du m. | D. Q. le 23, à 1 h. 14 m. du m.
P. Q. le 8, à 1 h. 43' s.; P. L. le 15, à 8 h. 14' m. | N. L. le 30, à 8 h. 56 m. du s.

CALENDRIER.			ÉPHÉMÉRIDES MILITAIRES.
1	J.	s. Philippe.	Combat de Ried [m. *Oudinot*, 1809]. — de Poserna [m. *Ney*, 1813]. — contre les Matmata [gén. *Pelissier*, 1848].
2	V.	s. Athanase.	Combat d'Amarante [m. *Soult*, 1809]. Bat. de Lützen [*Napol.*, 1813].
3	S.	*Inv. de la ste. Cr.*	Bataille d'Engen [*Moreau*, 1800]. Combat d'Ebersberg [gén. *Claparède et Legrand*, 1809]. Occupat. de Blidah [mar. *Valée*, 1838].
4	D.	ste. Monique.	Combat devant Collioure [gén. *Dugommier*, 1794].
5	L.	C. de s. Augustin	Bataille de Marienthal [*Turenne*, 1645]. — de Moëskirch [g. *Moreau*, 1800]. — de Fuentès de Onoro [mar. *Massena*, 1811].
6	M.	s. Jean P. L.	Bat. de Cocherel [*Du Guesclin*, 1364]. Prise d'Astorga [g. *Junot*, 1810].
7	M.	s. Stanislas.	B. de Guidina [m.ᵉˢ *de Bai*, 1709]. Pass. du Pô (1) [g. *Bonaparte*, 1796].
8	J.	s. Désiré.	Dél. d'Orléans [*Jeanne d'Arc*, 1429]. Bat. de la Piave [pr. *Eugène*, 1809].
9	V.	s. Grégoire.	Prise du Mont-Cenis [gén. *Dumas*, 1794]. Combat de Biberach [gén. *Gouvion Saint-Cyr*, 1800].
10	S.	s. Antonin.	Prise de Tongres (2) [mar. *de Villeroi*, 1703]. Passage du pont de Lodi [gén. *Bonaparte*, 1796].
11	D.	s. Mamert.	Prise de Bouchain (3) [duc *d'Orléans*, 1676]. Bataille de Fontenoy [*Louis XV* et mar. *de Saxe*, 1745].
12	L.	ste. Flavie.	Combat de Bischofswerda (4) [mar. *Macdonald*, 1813]. Passage du col de Mouzaïa [duc *d'Orléans*, 1841].
13	M.	s. Servais.	Défense du pont du Var (5) [gén. *Suchet* et *Rochambeau*, 1800]. Occupation de Djigelly [comm. *de Salles*, 1839].
14	M.	s. Éremb. s. Pac.	Bataille d'Agnadel [*Louis XII*, 1509].
15	J.	s. Isidore.	Combat sous Dantzick [mar. *Lefebvre*, 1807]. Occupation de Djémilah [duc *d'Orléans*, 1839].
16	V.	s. Annobert.	Bat. d'Albuhéra [m. *Soult*, 1811]. Prise de la Smalah d'Abd-el-Kader [duc *d'Aumale*, 1843]. C. contre les Beni-Abbès [m. *Bugeaud*, 1847].
17	S.	s. Pascal.	Bataille de Zusmarshausen [*Turenne*, 1648]. Prise de Malborghetto [pr. *Eugène*, 1809]. Expéd. de Stitten et de Brizina [col. *Géry*, 1845].
18	D.	s. Théodore.	B. de Patay [comte *de Richemont*, 1429]. — de Turcoing [g. *Souham*, 1794]. Combat contre les Ourtilan [gén. *Bedeau*, 1847].
19	L.	s. Yves.	Bat. de Rocroy [duc *d'Enghien*, 1643]. Prise d'Oviédo [m. *Ney*, 1809].
20	M.	s. Bernardin.	Bataille d'Avein [mar. *de Chatillon*, 1635]. — de Bautzen [*Napoléon*, 1813]. Défense du camp de l'Arrouch [col. *Lebreton*, 1842]. Combat contre les Beni-Amran [gén. *de Saint-Arnaud*, 1851].
21	M.	s. Servais.	Combat de Goszpich [m. *Marmont*, 1809]. — d'Alcover [m. *Suchet*, 1811]. Bataille de Wurtchen [*Napoléon*, 1813]. Combat de Sidi-Abbed [col. *Saint-Arnaud*, 1845].
22	J.	ste. Marie de S.	Combat de Stollhoffen [mar. *de Villars*, 1707]. Prise d'Ivrée [gén. *Lannes*, 1800]. Bataille d'Essling [*Napoléon*, 1809].
23	V.	s. Didier.	Bataille de Ramillies [mar. *de Villeroi*, 1706]. Pass. du St.-Bernard [g. *Bonaparte*, 1800]. Prise de Boghar [gén. *B. d'Hilliers*, 1841].
24	S.	s. Donatien.	Combat de Merbes-le-Château [g. *Kleber*, 1794]. Prise de Pavie (6) [gén. *Lannes*, 1796]. — de Bregenz [gén. *Moreau*, 1800].
25	D.	s. Augustin.	Combat de Frauenfeld [gén. *Massena*, 1799]. — de Saint-Michel [gén. *Séras*, 1809]. Prise de Tagdemt [gén. *Bugeaud*, 1841]. Occupation de Laghouat [gén. *Marey-Monge*, 1844].
26	L.	*Rog.* ste. Camille	Combat de la Chiusella [gén. *Lannes*, 1800]. Expédition contre les Issers et les Amraouas [gén. *Bugeaud*, 1837].
27	M.	*Rog.* s. Ildevert.	Pass. du Ter [m. *de Noailles*, 1694]. Pr. de Dantzick (7) [m. *Lefebvre*, 1807].
28	M.	*Rog.* s. Germain.	Prise d'Ypres (8) [prince *de Condé*, 1648]. — d'Augsbourg (9) [gén. *Lecourbe*, 1800]. — de Fiume (10) [mar. *Marmont*, 1809].
29	J.	ASCENSION.	Prise d'Oliva [mar. *Suchet*, 1811]. — de Msilah [g. *Négrier*, 1841].
30	V.	ste. Emilie.	Bataille de Crémone [mar. *du Plessis-Praslin*, 1648]. Passage du Mincio (11) [gén. *Bonaparte*, 1796].
31	S.	ste. Pétronille.	Prise de la citadelle d'Anvers (12) [*Louis XV*, 1746]. Passage du Tessin et prise de Turbigo [gén. *Murat*, 1800]. Combat contre les Beni-Yala [gén. *Bedeau*, 1847].

(1) 2.ᵉ passage du Pô, le 6 juin 1800.
(2) Comb. dev. Tongres, 4 mars 1793, gén. Miranda par Louis XV le 27 juin 1744, et par Pichegru le 17 juin 1794.
(3) 2.ᵉ prise de Bouchain, par Villars, 19 oct. 1712.
(4) 2.ᵉ combat à Bischofswerda, le 22 sept. 1813.
(5) 2.ᵉ et 3.ᵉ attaq. du Pont du Var, 22 et 27 mai.
(6) Déjà prise le 22 sept. 1745, cette ville le fut encore le 3 juin 1800.
(7) Dantzick fut rendu le 27 nov. 1813 par le gén. Rapp, après une défense mémorable.
(8) Pris de nouveau par Turenne le 24 sept. 1658;
(9) Augsbourg, pris une 2.ᵉ fois le 9 oct. 1805.
(10) Fiume, pris une 2.ᵉ fois le 15 sept. 1813.
(11) 2ᵉ pass. du Mincio p. le g. Brune, 25 déc. 1800.
(12) Prise de nouveau par le g. Labourdonnaye le 29 nov. 1792; par le gén. Pichegru le 27 juillet 1794. Anvers fut défendu en 1814 par Carnot, qui en fit lever le siége le 6 février. Le mar. Gérard prit de nouveau la citadelle le 23 décembre 1832.

JUIN (L'ÉCREVISSE).

P. Q. le 6, à 6 h. 37 m. du s.　　D. Q. le 21, à 6 h. 44 m. du s.
P. L. le 13, à 6 h. 53 m. du s.　　N. L. le 29, à 6 h. 34 m. du m.

CALENDRIER.			ÉPHÉMÉRIDES MILITAIRES.
1	D.	s. Pamphile.	Prise du fort de Bard [gén. *Chabran*, 1800]. Combat de Bornos [gén. *Conroux*, 1812].
2	L.	ste. Blandine.	Prise de Charleroi (1) [*Turenne*, 1667].
3	M.	ste. Clotilde.	Prise d'Antioche [*G. de Bouillon*, 1098]. — de Dinant (2) [g. *Jourdan*, 1794]. — du col de Tende [gén. *Rochambeau*, 1800].
4	M.	s. Optat.	Prise de Damiette (3) [*Louis IX*, 1249]. — de Luxembourg (4) [mar. *de Créqui*, 1684]. Bataille d'Altenkirchen (5) [gén. *Jourdan*, 1796].
5	J.	s. Boniface.	Combat de Fontaine-Française [*Henri IV*, 1595]. Prise de Namur (6) [*Louis XIV*, 1692]. Combat de Kirchberg [gén. *Ney*, 1800]. — de Spanden et Lomitten [mar. *Bernadotte* et *Soult*, 1807].
6	V.	s. Norbert.	Bataille de Novare [*La Trimouille*, 1513]. Combat contre les Beni-Menasser, [gén. *Changarnier*, 1842].
7	S.	s. Robert.	Combat de la Jonquières [gén. *Pérignon*, 1794].
8	D.	PENTECOTE.	C. de Wölfsdorff [m. *Ney*, 1807]. Occup. de Milianah [m. *Valée*, 1840].
9	L.	ste. Pélagie.	Bataille de Courtray [*Philippe-le-Bel*, 1302]. — de Montebello [gén. *Lannes*, 1800].
10	M.	s. Landri.	Prise de Palamos (7) [mar. *de Noailles*, 1694]. Bataille d'Heilsberg [*Napoléon*, 1807]. Combat de Sidi-Bouchama [col. *Eynard*, 1846].
11	M.	*Q. T.* s. Barnabé.	Combat de Sarciolo [g. *Olivier*, 1799]. — sur la Wertach [g. *Lecourbe*, 1800]. — de Druczewo [g. *Claparède* et *Montbrun*, 1807].
12	J.	ste. Olympe.	Passage du Rhin à Tollhuys (8) [*Louis XIV*, 1672]. Combat et prise de Modène [g. *Macdonald*, 1799]. Passage du Lech [g. *Moreau*, 1800].
13	V.	*Q. T.* s. Ant. de P.	Prise de Malte [gén. *Bonaparte*, 1798]. Combat de Creutzbourg [mar. *Soult*, 1807]. — de Carcagente [gén. *Habert*, 1812].
14	S.	*Q. T.* s. Rufin.	Bataille des Dunes [*Turenne*, 1658]. — de Marengo [g. *Bonaparte*, 1800]. — de Friedland [*Napoléon*, 1807]. — de Raab (9) [prince *Eugène*, 1809]. Débarquement à Sidi-Feruch [1830].
15	D.	LA TRINITÉ.	Prise d'Arnheim [*Turenne*, 1672]. Pass. de la Sambre [*Napol.*, 1815].
16	L.	*Sacré Cœur de J.*	Prise d'Ath (10) [*Louis XIV*, 1667]. — de Kœnigsberg [mar. *Soult*. 1807]. Bataille de Ligny [*Napoléon*, 1815].
17	M.	s. Avit.	Comb. de Torrecilla [g. *Suchet*, 1809]. Exp. de Tebessa [g. *Négrier*, 1842].
18	M.	ste Marine.	Bat. de Belchite [g. *Suchet*, 1809]. — de Waterloo [*Napoléon*, 1815].
19	J.	LA FÊTE-DIEU.	Bataille de la Trébia [gén. *Macdonald*, 1799].
20	V.	s. Sylvère.	Combat de Deynse [gén. *Souham*, 1794]. — de San-Giuliano [gén. *Moreau*, 1799]. — sous Namur [gén. *Groucky*, 1815].
21	S.	s. Louis de Gonz.	Bataille de Vittoria [*Joseph Bonaparte*, 1813]. Combat contre les Ouled-Aidonn [gén. *Bedeau*, 1847].
22	D.	s. Paulin.	Prise de Thionville (11) [duc *de Guise*, 1558]. Surprise du camp d'Abd-el-Kader, à Médrissa Arbia [col. *Géry*, 1843].
23	L.	s. Jacques.	Bataille de Liorens [comte *d'Harcourt*, 1645]. — de Crevelt [comte *de Clermont*, 1757].
24	M.	s. Jean-Baptiste.	Bataille de Montfaucon [*Eudes*, 889]. Prise de Tournay (12) [*Louis XIV*, 1667]. Passage du Niémen [*Napoléon*, 1812].
25	M.	s. Prosper.	Bataille de Fontenay en Auxerrois [*Charles-le-Chauve*, 841]. Combat contre les Beni-Meraï [col. *de Lourmel*. 1850].
26	J.	s. Jean et s. Paul.	C. de Vado (13) [g. *Laharpe*, 1795]. — dev. Gratz [g. *Broussier*, 1809].
27	V.	s. Crescent.	Bataille de Dettingen [mar. *de Noailles*, 1743]. Combat d'Oberhausen [gén. *Lecourbe*, 1800].
28	S.	s. Irénée. *l'ig. j.*	Prise de Courtray (14) [duc *d'Orléans*, 1646]. — de Port-Mahon [mar. *de Richelieu*, 1756]. — de Tarragone (15) [g. *Suchet*, 1811].
29	D.	s. Pierre. s. Paul.	Bat. de Wolfenbüttel [*de Guébriant*, 1641]. Prise de Maëstricht (16) [*Louis XIV*, 1673]. Bataille de Parme [mar. *de Coigny*, 1734].
30	L.	Comm. de s. Paul.	Prise d'Hesdin [*La Meilleraie*, 1639]. — d'Utrecht [*Louis XIV*, 1672].

(1) Pris de nouveau le 21 déc. 1672, le 11 oct. 1693, le 2 août 1746, le 13 nov. 1792, le 25 juin 1794, et le 15 juin 1815.
(2) Et le 29 mai 1675 par Louis XIV.
(3) Prise de nouv. le 5 avr. 1800, p. le g. Belliard.
(4) Pris de nouveau le 12 juin 1795.
(5) 2.ᵉ combat à Altenkirchen, le 19 sept. suiv.
(6) 2.ᵉ prise de Namur, par le comte de Clermont, le 19 sept. 1746, 3.ᵉ, par le g. Hatry, le 17 juill. 1794.
(7) 2.ᵉ prise de Palamos, le 5 juillet 1809.
(8) Autres pass. du Rhin, effect. les 6 sept. 1795, 24 juin et 2 juill. 1796, 18 et 20 avr. 1797, et 25 avr. 1800, par les g. Jourdan, Hoche, Moreau et Duhesme.
(9) La ville de Raab fut prise le 22.
(10) 2.ᵉ prise d'Ath, le 8 oct. 1745, par M. de Saxe.
(11) Pris de nouveau par le duc d'Enghien, le 22 août 1643, et défendu en 1792 par le général Wimpfen, qui en fit lever le siége le 16 octobre.
(12) Pris de nouv. par Louis XV, le 22 mai 1745, et par Pichegru, le 2 juillet 1794.
(13) 1.ᵉʳ combat livré à Vado le 24.
(14) Pris de nouveau par Louis XIV, le 18 juill. 1667 ; par le mar. d'Humières le 6 nov. 1683 ; par le mar. Luckner le 18 juillet 1792, et par le gén. Souham le 26 avril 1794.
(15) Et le 7 nov. 1823 par le mar. Moncey.
(16) Pris de nouveau, le 7 mai 1748, par le mar. de Saxe, et par Kleber le 4 nov. 1794.

JUILLET (LE LION).

P. Q. le 5, à 11 h. 17 m. du s.   D. Q. le 21, à 10 h. 49 m. du m.
P. L. le 13, à 7 h. 23 m. du m.   N. L. le 28, à 2 h. 50 m. du s.

CALENDRIER.			ÉPHÉMÉRIDES MILITAIRES.
1	M.	ste. Eléonore.	1.re bataille de Fleurus (1) [mar. *de Luxembourg*, 1690]. Combat de Rocquencourt [gén. *Exelmans*, 1815].
2	M.	*Vis. de la ste. V.*	Bat. du faub. St.-Antoine (*Turenne*, 1652). — de Lawfeld [mar. *de Saxe*, 1747]. Prise d'Alexandrie, Egypte [gén. *Bonaparte*, 1798].
3	J.	s. Thierry.	Prise de Cuença [gén. *Caulincourt*, 1808]. Occupation d'Arzew [g. *Desmichels*, 1833]. Prise de Rome [g. *Oudinot de Reggio*, 1849].
4	V.	ste. Berthe.	Combat de Renchen [gén. *Massena*, 1799]. Prise du fort de l'Empereur [gén. *de Bourmont*, 1830].
5	S.	ste. Zoé.	Bataille de Rastadt [g. *Moreau*, 1796]. — d'Enzersdorf [*Napoléon*, 1809]. Prise d'Alger [gén. *de Bourmont*, 1830].
6	D.	s. Tranquilin.	Bataille de Fornoue [*Charles VIII*, 1495]. — de Wagram [*Napoléon*, 1809]. Combat de la Sickack [gén. *Bugeaud*, 1836]. Combat contre les M'zaïas-Fouagas [gén. *Gentil*, 1848].
7	L.	s. Thomas.	Prise de Mequinenza (2) [duc *d'Orléans*, 1707]. Combat de Gembloux [g. *Hatry*, 1794].
8	M.	s. Procope.	Combat de Ticonderrago, Canada [marq. *de Montcalm*, 1758].
9	M.	s. Cyrille.	Prise de Nimègue (3) [*Turenne*, 1672]. Bataille d'Ettlingen [gén. *Moreau*, 1796].
10	J.	ste. Félicité.	Délivrance de Beauvais [*Jeanne-Hachette*, 1472]. Bat. de Corbach [m. *de Broglie*, 1760]. Prise de Ciudad-Rodrigo [m. *Ney*, 1810].
11	V.	s. Benoît.	Bataille de la Boyne [mar. de *Schomberg*, 1690]. Combat de Znaïm [*Napoléon*, 1809]. — du Val de Oliva [gén. *La Houssaye*, 1811].
12	S.	s. Gualbert.	Prise de Naërden [*Rochefort*, 1672]. C. sous Liria [m. *Suchet*, 1812].
13	D.	s. Eugène.	Prise de Ptolemaïs [*Phil.-Auguste*, 1191]. — de Chateauneuf de Randon [*Du Guesclin*, 1380]. — Bat. de Chebreisse [g. *Bonaparte*, 1798].
14	L.	*F. du S. C. de Jés.*	Prise de Landrecies (4) [*Turenne*, 1655]. Bataille de Medina-del-rio-secco [mar. *Bessières*, 1808].
15	M.	s. Henri.	Prise de Jérusalem [*G. de Bouillon*, 1099]. — de Malines et de Louvain [g. *Pichegru* et *Jourdan*, 1794]. — de la Calle, [comm. *Jusuf*, 1836.]
16	M.	s. Clair.	Bataille de Montlhéry [*Louis XI*, 1465.] Prise de Francfort sur le Mein (5) [gén. *Kleber*, 1796].
17	J.	s. Alexis.	Bataille de Castillon [*Charles VII*, 1453]. Combat du Mas-de-Serre [gén. *Pérignon*, 1793]. Prise de Vittoria [gén. *Dessein*, 1795].
18	V.	s. Thomas d'Aq.	Prise de Bruges [marq. *de Souvré*, 1745]. — de Stuttgard [gén. *Saint-Cyr*, 1796]. — de Gaëte (6) [mar. *Massena*, 1806].
19	S.	s. Vincent de P.	Combat d'Exilles [comte *de Belle-Isle*, 1747]. Prise de Bilbao (7) [gén. *Villot*, 1795].
20	D.	ste. Marguerite.	Prise d'Hostalrich (8) [m. *de Noailles*, 1694]. — de Verceil (9) [duc *de Vendôme*, 1704]. Combat de Quiberon [gén. *Hoche*, 1795].
21	L.	s. Victor.	Bataille de Taillebourg [*Louis IX*, 1242]. — des Pyramides [gén. *Bonaparte*, 1798].
22	M.	ste. Madeleine.	Bataille de Tours [*Charles-Martel*, 732]. Prise du Caire [gén. *Bonaparte*, 1798]. Bataille des Arapiles [mar. *Marmont*, 1812].
23	M.	s. Apollinaire.	Prise du fort de Linck [mar. *de Gassion*, 1645]. Bataille de Mohilow [mar. *Davout*, 1812].
24	J.	ste Christine.	Bataille de Denain [mar. *de Villars*, 1712]. Prise de Wurtzbourg [gén. *Klein*, 1796]. — du Mont-Serrat [gén. *Suchet*, 1811].
25	V.	s. Jacques le Min.	Combat de Brissarte [*Robert-le-Fort*, 866]. Bataille d'Aboukir [g. *Bonaparte*, 1799]. Combat de la Coa [m. *Massena* et *Ney*, 1810].
26	S.	s. Joachim.	Bataille de Santa-Vittoria [*Vendôme*, 1702]. — d'Hastembeck [mar. *d'Estrées*, 1757]. Occupation de Bone [gén. *Danrémont*, 1830].
27	D.	s. Georges.	Bataille de Bouvines [*Philippe-Auguste*, 1214]. Combat de Sassbach [*Turenne*, 1675]. Prise de Liége (10) [gén. *Hatry*, 1794].
28	L.	s. Innocent.	Prise de l'île de Cadsant [gén. *Moreau*, 1794]. Bataille de Talaveyra [*Joseph Bonaparte*, 1809].
29	M.	ste. Marthe.	Occupation de Mostaganem [gén. *Desmichels*, 1833].
30	M.	s. Ignace de Loy.	Prise de Marchiennes (11) [mar. *de Villars*, 1712]. Combat d'Ollareguy [gén. *Digonnet*, 1795].
31	J.	s. Germain l'Aux.	Bataille de Minden [*de Contades*, 1757]. — de Warbourg [*Du Muy*, 1760]. Combat de Iakubowo [mar. *Oudinot*, 1812].

(1) 2.e et 3.e batailles de Fleurus, livrées par le gén. Jourdan, les 16 et 26 juin 1794
(2) 2.e prise de Mequinenza, le 8 juin 1810.
(3) 2.e prise de Nimègue, le 8 nov. 1794.
(4) Déjà pris en 1543 par Du Bellai; et en 1637 par le card. de Lavalette, fut repris au duc d'York, le 16 juillet 1794, par le gén. Schérer.

(5) Déjà pris en 1757 et en 1792.
(6) Déjà pris le 8 janvier 1799 par le gén. Rey.
(7) Pris de nouveau le 27 août 1812.
(8) Pr. de n. le 8 nov. 1809, g. Pino, et 14 mai 1810,
(9) Et le 27 mai 1800 par Murat.   [m. Augereau.
(10) Déjà pris par Dumouriez le 27 nov. 1792.
(11) Déjà pris en 1645, le fut de nouveau en 1793.

AOUT (LA VIERGE).

P. Q. le 4, à 5 h. 17 m. du m. | D. Q. le 20, à 1 h. 8 m. du m.
P. L. le 11, à 9 h. 52 m. du s. | N. L. le 26, à 10 h. 29 m. du s.

CALENDRIER.			ÉPHÉMÉRIDES MILITAIRES.
1	V.	s. Pierre ès liens.	Prise de Bergues (1) [duc *d'Orléans*, 1646]. — de Fontarabie [gén. *Frégeville*, 1794]. Combat d'Oboiarszma [mar. *Oudinot*, 1812].
2	S.	s. Étien. s. Spire.	Prise du fort d'Aboukir [gén. *Menou*, 1799].
3	D.	Inv. de s. Etienne	Bataille de Fribourg [duc *d'Enghien* et *Turenne*, 1644] — de Nordlingen [duc *d'Enghien*, 1645] — de Steinkerque [mar. *de Luxembourg*, 1692]. Combat de Lonado [gén. *Massena*, 1796].
4	L.	s. Dominique.	Prise de Saint-Sébastien (2) [gén. *Moncey*, 1794]. — de Bamberg [g. *Jourdan*, 1796]. Combat de Gavardo [gén. *Bonaparte*, 1796].
5	M.	s. Yvon.	Combat et prise de Tolosa [gén. *Frégeville*, 1794]. Bataille de Castiglione (3) [gén. *Bonaparte*, 1796].
6	M.	*Tr. de N. S. J.C.*	Prise de Stenay [*Louis XIV*, 1654]. Combat de Peschiéra [gén. *Masséna*, 1796].
7	J.	s. Albert.	Prise de Vérone (4) [gén. *Bonaparte*, 1796]. — de Forchheim [gén. *Collaud* et adj.-gén. *Ney*, 1796].
8	V.	s. Justin.	Combat de l'Arzobispo [mar. *Soult* et *Mortier*, 1809].
9	S.	s. Florent.	Bataille de Virteneval [duc *de Weimar*, 1638]. Combats de la Venta del Baul et sur le rio Barbata [mar. *Soult*, 1811].
10	D.	s. Laurent.	Bataille de Saint-Quentin [connét. *de Montmorency*, 1557]. Prise d'Arras [m. *de Chatillon*, 1640]. — de Barcelonne (5) [*Vendôme*, 1697]. Combat de Las Vertientes [gén. *Soult*, 1811].
11	L.	ste. Suzanne.	Bataille d'Ascalon [*Godefroy de Bouillon*, 1099]. — de Senef [prince de Condé, 1674]. — de Neresheim [gén. *Moreau*, 1796]. — d'Almonacid [*Joseph Bonaparte* et gén. *Sébastiani*, 1809].
12	M.	ste. Claire.	Prise de Cherbourg [*Charles VII*, 1450] — de Dendermonde [duc *d'Harcourt*, 1745]. Combat du Col de Banos [gén. *Lorcet*, 1809].
13	M.	s. Hippolyte.	Bat. de Renti [*Henri II*, 1554]. C. de Saverne [*d'Harcourt*, 1744].
14	J.	s. Eusèbe. *Vig. j.*	Combat de Saint-Denis près Mons [mar. *de Luxembourg*, 1678]. — de Santander [g. *Rouget*, 1811]. Bataille de l'Isly [mar. *Bugeaud*, 1844]. Combat du Zouagha [col. *Jamin*, 1848].
15	V.	ASSOMPTION.	Bataille de Luzara [duc *de Vendôme*, 1702]. Siége de Gibraltar [duc *de Crillon*, 1782]. Bataille de Novi [gén. *Joubert*, 1799].
16	S.	s. Roch.	Bataille de Cassano (6) [duc *de Vendôme*, 1705]. Prise du Saint-Gothard et combat du Crispalt [gén. *Gudin* et *Lecourbe*, 1799].
17	D.	s. Carloman.	Combat de Sulzbach [gén. *Jourdan*, 1796]. Bataille et prise de Smolensk [*Napoléon*, 1812].
18	L.	ste. Hélène.	Bataille de Mons-en-Puelle [*Philippe-le-Bel*, 1304]. — de Staffarde [*Catinat*, 1690]. — de Polotsk (7) [gén. *Gouvion Saint-Cyr*, 1812].
19	M.	s. Louis, év.	Combat de Fontoy [mar. *de Luckner*, 1792]. — de Walutina-Gora [mar. *Ney*, 1812]. — de Helle [gén. *Lauriston*, 1813].
20	M.	s. Bernard.	Bataille de Lens [prince *de Condé*, 1648]. Combat de Wolfering [gén. *Jourdan*, 1796]. Prise de Stralsund [mar. *Brune*, 1807].
21	J.	s. Privas.	Bataille de Vimeiro [gén. *Junot*, 1808]. Combat sur le Bober [gén. *Maison*, 1813].
22	V.	ste. Jeanne.	Combat de Teniug [gén. *Bernadotte*, 1796].
23	S.	s. Symphorien.	Prise d'Ostende [mar. *de Lowendahl*, 1745]. Combat de Goldberg [gén. *Gérard*, 1813].
24	D.	s. Barthélemi.	Combats d'Amberg et de Friedberg [g. *Jourdan* et *Moreau*, 1796].
25	L.	s. Louis, roi.	Prise de Condé (8) [comte *d'Harcourt*, 1649]. Pass. des lignes d'Arras [*Turenne*, 1654]. Défense de Bougie [comm. *Ducourthial*, 1842].
26	M.	s. Zéphyrin.	Bat. de Créci [*Philippe de Valois*, 1346]. — de Rumersheim [comte du *Bourg*, 1709]. Prise de St-Jean-de-la-Pena [gén. *Suchet*, 1809].
27	M.	s. Césaire.	Prise d'Almeida [mar. *Ney*, 1810]. Bataille de Dresde [*Napoléon*, 1813]. Défense d'Huningue [gén. *Barbanègre*, 1815].
28	J.	s. Augustin.	Combat de Pirna [gén. *Vandamme*, 1813].
29	V.	Décol. de s. J.-B.	Prise de Spire (9) (duc *d'Enghien*, 1644].
30	S.	s. Fiacre.	Prise de Béthune [duc *d'Orléans*, 1645]. Bataille de Johannisberg [mar. *d'Estrées*, 1762]. Combat de Brunola [gén. *Souham*, 1809].
31	D.	ste. Isabelle.	Combats d'Irun, sur la Nivelle et à Saint-Martial [mar. *Soult*, 1813]. Prise du Trocadéro [duc *d'Angoulème*, 1823].

(1) Pris de nouveau en 1658 et en 1667.
(2) Et le 27 septembre 1823.
(3) 1.re victoire remportée à Castiglione par le comte de Médavi, le 9 septembre 1706.
(4) Déjà occupée par le gén. Bonaparte, le 3 juin 1796, le fut de nouveau en 1801.
(5) Pris de nouveau en 1714, 1808 et 1823.
(6) 2.e bataille de Cassano, livrée par le général Moreau, le 27 avril 1799.
(7) 2.e et 3.e comb. à Polotsk, les 18 et 19 oct. 1812.
(8) Pris de nouveau le 18 août 1655 et le 26 avril 1676. Repris aux Autrich. par Schérer, 29 août 1794.
(9) Déjà pris en 1634, le fut de nouveau en 1688, 1713 et 1792.

SEPTEMBRE (LA BALANCE).

P. Q. le 2, à 2 h. 2 m. du s.   D. Q. le 18, à 1 h. 38 m. du s.
P. L. le 10, à 1 h. 53 m. du s.   N. L. le 25, à 6 h. 21 m. du m.

CALENDRIER.		ÉPHÉMÉRIDES MILITAIRES.
1	L.	s. Leu. s. Gilles.	Combat de Chiari [mar. *de Villeroi*, 1701]. — de Geissenfeld [gén. *Desaix*, 1796].
2	M.	s. Lazare.	Combats de Lengfeld et de Kœrnach [gén. *Jourdan*, 1796].
3	M.	s. Grég.-le-Gr.	Bataille de Würtzbourg [gén. *Jourdan*, 1796].
4	J.	ste. Rosalie.	Combat de Roveredo [gén. *Bonaparte*, 1796]. — du Wohlenberg [*Napoléon*, 1813].
5	V.	s. Bertin.	Prise de Nieuport (1) [mar. *de Lowendahl*, 1745]. — de la redoute d'Alexino [gén. *Compans*, 1812].
6	S.	s. Julien.	Prise de Perpignan [*Louis XIII*, 1642]. — du Quesnoy (2) [*Turenne*, 1654]. Bataille de Juterbock [mar. *Ney*, 1813].
7	D.	s. Cloud.	Prise de Furnes (3) [duc *d'Enghien*, 1646]. — de l'île de Rügen [mar. *Brune*, 1807]. Bataille de la Moskowa [*Napoléon*, 1812].
8	L.	*Nativ. de la V.*	Bat. de Hondtschoote [g. *Houchard*, 1793]. Combat de Bassano [gén. *Bonaparte*, 1796]. — contre les Kabyles de Djellamah [gén. *Herbillon*, 1848].
9	M.	s. Omer.	Prise d'Oudenarde (4) [*Louis XIV*, 1658]. Combat de Mojaïsk [*Murat*, 1812]. — cont. les Kabyles de Ben-Azzedin [g. *Herbillon*, 1848].
10	M.	ste. Pulchérie.	Prise de Plaisance [marq. *de la Vieuville*, 1745]. Combat de Zelkowo [*Murat*, 1812].
11	J.	s. Hyacinthe.	Délivrance de Marseille [connét. *Anne de Montmorency*, 1536]. Bataille de Malplaquet [mar. *de Villars*, 1709].
12	V.	s. Raphaël.	Prise de Philisbourg (5) [duc *d'Enghien*, 1644]. — d'Alost [*Turenne*, 1667]. Combat de Villa-franca-de-Panade [mar. *Suchet*, 1813].
13	S.	s. Euloge.	Bataille de Marignan [*François I.er*, 1515]. — de Québec (6) [marq. *de Montcalm*, 1759]. Combat d'Anelshorn [gén. *Lefebvre*, 1795].
14	D.	*Exalt. de la Cr.*	Combat de Boxtel [gén. *Pichegru*, 1794]. — d'Oviédo [gén. *Bonet*, 1810]. Entrée à Moscou [*Napoléon*, 1812].
15	L.	*S. C. de Marie.*	Prise de Berg-op-Zoom (7) [comte *de Lowendahl*, 1747]. Combat de S.t-Georges [g. *Bonaparte*, 1796]. — de Gieshubel [g. *Lobau*, 1813].
16	M.	s. Cyprien.	Prise de Vénasque (8) [marquis *d'Arpajon*, 1711]. Combat de Peterswalde [gén. *Ornano*, 1813].
17	M.	*Q. T.* s. Lambert.	Prise de Mayence (9) [duc *d'Enghien*, 1644]. — de Menin (10) [*Louis XIV*, 1658]. Combat de Dolnitz [gén. *Moulon-Duvernet*, 1813]. Prise de Pampelune (11) [mar. *Lauriston*, 1823]. Combat de Sériana [comm. *de Saint-Germain*, 1849].
18	J.	s. Jean Chr.	Combat de Leuze [mar. *de Luxembourg*, 1691]. Bataille sur l'Aywaille et l'Ourthe [gén. *Jourdan*, 1794].
19	V.	*Q. T.* ste. Lucie.	Bataille de Poitiers [*Jean*, 1356]. — de Guastalla [mar. *de Broglie*, 1734]. — de Bergen, Hollande [gén. *Brune*, 1799].
20	S.	*Q. T.* s. Eustache.	Bataille de Châlons [*Mérovée*, 451]. — d'Hochstedt (12) [mar. *de Villars*, 1703]. — de Valmy [g. *Dumouriez* et *Kellermann*, 1792].
21	D.	s. Matthieu.	Combat d'Arques [*Henri IV*, 1589]. — de Cairo [g. *Dumerbion*, 1794].
22	L.	s. Maurice.	Prise d'Aix-la-Chapelle [g. *Jourdan*, 1794]. Comb. de Ben-Tifour [g. *Bourjolly*, 1845]. — cont. les Beni-Achour [g. *Mac-Mahon*, 1848].
23	M.	ste. Thècle.	Combat d'Airolo [gén. *Gudin*, 1799]. — de Dar-el-Foul [lieut.-col. *Montagnac*, 1845].
24	M.	s. Corneille.	Prise de Trino [prince *Thomas*, 1643]. Pas. de la Linth [g. *Soult*, 1799].
25	J.	s. Firmin.	Bat. de Zurich [g. *Massena*, 1799]. C. de Mortagoa [m. *Massena*, 1810].
26	V.	ste. Justine.	Combat de Kerensen [gén. *Molitor*, 1799]. Défense du marabout de Sidi-Brahim [capit. *Géreaux*, 1845].
27	S.	s. Come. s. Dam.	Bataille de Bassignano [mar. *de Maillebois*, 1745]. — de Busaco [mar. *Massena*, 1810].
28	D.	s. Céran.	Bataille de Nicopolis [comte *de Nevers*, 1396]. Combat de Mit-el-Haroun [gén. *Murat* et *Lanusse*, 1798].
29	L.	s. Michel Arch.	Bat. d'Aurai [*Du Guesclin*, 1364]. Occup. de Bougie [g. *Trezel*, 1833].
30	M.	s. Jérôme.	Occupation de Strasbourg [*Louis XIV*, 1681]. Bataille de Coni [prince *de Conti*, 1744].

(1) 2.e prise de Nieuport, le 18 juillet 1794.

(2) Pris de nouveau en 1712. Repris aux Autrichiens par Schérer, le 16 août 1794.

(3) Pris de nouveau en 1648, 1658, 1667, 1693, 1744 et 1793.

(4) Pris de nouveau en 1667, 1745 et 1794.

(5) Déjà pris en 1634; le fut enc. en 1688 et 1734.

(6) 2.e bataille de Québec, le 25 mars 1760.

(7) Défendu héroïquement par le gén. Bizanet, en mars 1814.

(8) Pris une 2.e et une 3.e fois par Suchet, les 9 nov. 1809 et 23 avril 1814.

(9) Pris de nouveau le 25 oct. 1688, le 21 oct. 1792, et le 23 juillet 1793.

(10) Pris de nouveau le 4 juin 1744, le 24 oct 1793, et le 30 avril 1794.

(11) Déjà pris le 17 fév. 1808.

(12) 2.e bataille d'Hochstedt, le 13 août 1704. 3.e, le 19 juin 1800.

OCTOBRE (LE SCORPION).

CALENDRIER.			ÉPHÉMÉRIDES MILITAIRES.
1	M.	s. Remi.	Combat de Castel-Novo [g. *Marmont*, 1806]. Prise de Coïmbre [m. *Massena*, 1810]. Combat d'Aïn-Béda [gén. *Desmichels*, 1833].
2	J.	ss. *Anges gard.*	Bataille d'Aldenhoven [gén. *Jourdan*, 1794]. — de Biberach [gén. *Moreau*, 1796]. — d'Alkmaër [gén. *Brune*, 1799]. Combat de Bouffarick [gén. *Faudoas*, 1832].
3	V.	s. Denis.	Bataille de Montcontour [duc *d'Anjou*, 1569]. Combat de Wartenbourg [gén. *Bertrand*, 1813].
4	S.	s. Franç. d'Assis.	Combat d'Ensisheim [*Turenne*, 1674]. Bataille de la Marsaille [*Catinat*, 1693]. Combat de Saint-Privat [gén. *Petit*, 1813].
5	D.	s. Aure. s. Plac.	Combat de Méhéris devant Constantine [ch. d'esc. *Dubern*, 1837].
6	L.	s. Bruno.	Prise de Milan (1) [*Louis XII*, 1499]. Bataille de Kastricum [gén. *Brune*, 1799].
7	M.	s. Cerge.	Bataille de Lérida [m. *Lamothe-Houdancourt*, 1642]. — de Sedyman [g. *Desaix*, 1798]. Prise de Constance [gén. *Massena*, 1799].
8	M.	ste. Brigitte.	Défense de Lille (2) [gén. *Duhoux*, 1792]. Combat d'Haslach [gén. *Dupont*, 1805]. — de Wertingen [*Murat*, 1805]. Occupation de Stora [gén. *Galbois*, 1838].
9	J.	s. Denis.	Prise de Bois-le-Duc [gén. *Pichegru*, 1794]. Combat de Schleitz [mar. *Bernadotte*, 1806]. — de Sobral [gén. *Junot*, 1810].
10	V.	s. Paulin.	Prise de Dunkerque (3) [duc *d'Enghien*, 1646]. Bataille de Lützelberg [*Chevert*, 1758]. Combat de Guntzbourg [mar. *Ney*, 1805]. — de Saalfeld [g. *Suchet*, 1806]. — de Wethau [mar. *Augereau*, 1813].
11	S.	s. Nicaise.	Bataille de Rocoux [mar. *de Saxe*, 1746]. Passage de val d'Enfer [gén. *G. Saint-Cyr*, 1796]. Combat d'Albeck [*Murat*, 1805].
12	D.	s. Wilfride.	Levée du siége de Wœrden [*Luxembourg*, 1672]. Prise de Nauenbourg [mar. *Davout*, 1806]. Combat de Dessau [g. *Delmas*, 1813].
13	L.	s. Édouard.	Prise de Lérida (4) [duc *d'Orléans*, 1707]. — de Memmingen (5) [mar. *Soult*, 1805]. — de Constantine [gén. *Valée*, 1837].
14	M.	s. Calixte.	Bataille de Friedlingen [duc de *Villars*, 1702]. Reprise de Verdun [g. *Dillon*, 1792], Combat d'Elchingen [mar. *Ney*, 1805]. Batailles d'Iéna et d'Auerstædt [*Napoléon* et mar. *Davout*, 1806].
15	M.	ste. Thérèse.	Bataille de Wattignies [gén. *Jourdan*, 1793]. Combat près le fort de Fuengirola [gén. *Sébastiani*, 1810].
16	J.	s. Cyrille.	Bataille de Rhinberg [mar. *de Castries*, 1760]. Combat de Greussen et prise d'Erfurth [mar. *Soult, Murat*, 1806]. Bataille de Wachau [*Napoléon*, 1813].
17	V.	s. Cerbonet.	Prise d'Ulm [*Napoléon*, 1805]. Combat de Halle [mar. *Bernadotte*, 1806]. Prise de Caprée [gén. *Lamarque*, 1808].
18	S.	s. Luc.	Capitulation de l'armée anglo-russe [g. *Brune*, 1799]. Occupation de Leipsick [mar. *Davout*, 1806]. Bat. de Leipsick [*Napoléon*, 1813].
19	D.	s. Savinien.	Prise de Balaguer [mar. *d'Harcourt*, 1645]. — de York-Town [gén. *Rochambeau* et *La Fayette*, 1781]. — d'Arezzo [g. *Monnier*, 1800].
20	L.	s. Caprais.	Bataille de Coutras [*Henri de Navarre*, 1587]. Reprise de la Corse [g. *Casalta*, 1796]. Pass. de l'Elbe [mar. *Davout* et *Lannes*, 1806].
21	M.	ste. Ursule.	Reprise de Longwy [g. *Kellermann*, 1792]. Révolte du Caire [1798].
22	M.	s. Mellon.	Défense de Burgos [gén. *Dubreton*, 1812]. Prise de Morella [mar. *Suchet*, 1813].
23	J.	s. Hilarion.	Prise de Coblentz [g. *Marceau*, 1794]. Evacuation de Moscou [1812].
24	V.	s. Magloire.	Combat de Schliengen [gén. *Moreau*, 1796]. — de Bosco [g. *Gouvion Saint-Cyr*, 1799]. Bataille de Malo-Jaroslawetz [pr. *Eugène*, 1812].
25	S.	s. Crépin.	Bataille d'Azincourt [connét. *d'Albret*, 1415]. Prise de Berlin et de Spandau [mar. *Davout* et *Lannes*, 1806]. Bataille de Sagonte [mar. *Suchet*, 1811].
26	D.	s. Evariste.	Combat de Zehdenick [mar. *Murat* et gén. *Lasalle*, 1806].
27	L.	s. Frumence.	Combat de Vimori [duc *de Guise*, 1587].
28	M.	s. Simon. s. Jude.	Prise de La Rochelle [*Louis XIII*, 1628]. — de Prentzlow [*Murat*, 1806]. Pass. des Bibâns [m. *Valée*, duc d'Orléans, 1839].
29	M.	s. Narcisse.	Prise de Stettin et de Passewalk [gén. *Lasalle* et *Milhaud*, 1806].
30	J.	s. Lucain.	Prise de Saltzbourg [mar. *Bernadotte*, 1805]. Bataille de Hanau [*Napoléon*, 1813]. Prise du château de Morée [g. *Maison*, 1828].
31	V.	s. Quentin. *V. j.*	Combat de Passling [mar. *Bernadotte* et gén. *Kellermann*, 1805]. — d'Ancklam [gén. *Becker*, 1806].

(1) Pris de nouveau le 23 oct. 1515, le 15 mai 1796, et le 2 juin 1800 par Murat.

(2) Lille pris par Louis XIV en 1667; investi par les Autrichiens le 23 sept. 1792, et bombardé pendant huit jours.

(3) Pris de nouveau le 25 juin 1658; remis aux Anglais; racheté en 1662 pour la somme de 400,000 liv. sterl.

(4) Pris de nouv. le 14 mai 1810 par le m. Suchet.

(5) Déjà pris le 10 mai 1800 par le g. Lecourbe.

NOVEMBRE (LE SAGITTAIRE).

P. L. le 8, à 11 h. 31 m. du s. | N. L. le 23, à 2 h. 16 m. du m.
D. Q. le 16, à 9 h. 31 m. du m. | P. Q. le 30, à 3 h. 36 m. du s.

CALENDRIER.			ÉPHÉMÉRIDES MILITAIRES.
1	S.	TOUSSAINT.	Combat de Damiette [gén. *Verdier*, 1799]. — de Saint-Léonard [mar. *Massena*, 1805]. Prise de Custrin [g. *Petit*, 1806].
2	D.	*Comm. d. morts.*	Prise du fort de Rheinfels [gén. *Vincent*, 1794]. Combat de la Garrigua [gén. *Decaen*, 1812].
3	L.	s. Marcel.	Combat de Boussu [duc *de Chartres*, 1792]. — de Wismar [gén. *Savary*, 1806]. Bataille de Wiazma [prince *Eugène*, 1812].
4	M.	s. Charles-Borr.	Bataille de Genola [gén. *Championnet*, 1799]. Combat d'Amstetten et prise de Steyer [*Murat* et mar. *Davout*, 1805].
5	M.	s. Zacharie.	Bat. de Rosbach [*Soubise*, 1757]. Prise de Vicence [*Massena*, 1805].
6	J.	s. Léonard.	Bataille de Jemmapes [gén. *Dumouriez*, 1792]. Prise de Lübeck et capit. de Schwartau [*Murat*, mar. *Bernadotte* et *Soult*, 1806].
7	V.	s. Florent.	Prise d'Inspruck (1) [mar. *Ney*, 1805]. Combat de Guénès [mar. *Lefebvre*, 1808].
8	S.	*Saintes Reliq.*	Combat de Marienzell [g. *Heudelet*, 1805]. Prise de Magdebourg (2) [mar. *Ney*, 1806].
9	D.	s. Mathurin.	Combat de Limbourg [gén. *Houchard*, 1792].
10	L.	s. Léon.	Repr. de Rouen [*Charles VII*, 1449]. Bat. de St.-Denis [*Montmorency*, 1567]. Pr. de Burgos [*Soult*, 1808]. Bat. d'Espinosa [m. *Victor*, 1808].
11	M.	s. Martin.	Prise de Mannheim (3) [*le Dauphin*, 1688]. Combat de Diernstein [m. *Mortier*, 1805]. Combat de l'Oued-Malah [gén. *Tempoure*, 1843].
12	M.	s. René.	Prise de Suze [*Catinat*, 1690]. Combat de Caldiero (4) [g. *Augereau* et *Massena*, 1796]. — de Cambo [gén. *Foy*, 1813].
13	J.	s. Brice.	Combat d'Anderlecht [gén. *Dumouriez*, 1792]. Entrée à Vienne (5) [*Napoléon*, 1805].
14	V.	s. Laurent.	Prise de Fribourg (6) [m. *de Créqui*, 1677]. Combat de Smoliany (7) [mar. *Victor*, 1812].
15	S.	s. Eugène.	Bataille de Spire [mar. *de Tallard*, 1703]. Passage du pont d'Arcole [gén. *Bonaparte* et *Augereau*, 1796].
16	D.	s. Edme.	Prise de Landau (8) [m. *de Tallard*, 1703]. Combat d'Hollabrun (9) [*Murat*, mar. *Lannes* et *Soult*, 1805].
17	L.	s. Agnan.	Entrée à Florence [*Charles VIII*, 1494]. Bataille d'Arcole [gén. *Bonaparte*, 1796].
18	M.	s. Grégoire.	Combat du bois d'Asche [gén. *de Valence*, 1792]. — de Porlitz [g. *Sébastiani*, 1805]. Bataille de Krasnoë (10) [*Napoléon*, 1812].
19	M.	ste. Elisabeth.	Prise de Trèves (11) [*Turenne*, 1645]. Bat. d'Occana [mar. *Soult* et *Mortier*, 1809]. Combat de la Chiffa [gén. *Bugeaud*, 1839].
20	J.	s. Edmond.	Combat de Quiers [comte *d'Harcourt*, 1639]. Bataille de la montagne Noire [gén. *Pérignon*, 1794]. Prise d'Hameln [gén. *Savary*, 1806].
21	V.	*Présent. de la V.*	Combat et prise de Tirlemont (12) [gén. *Dumouriez*, 1792]. Passage de l'Atlas et combat du col de Teniah [mar. *Clauzel*, 1830].
22	S.	ste. Cécile.	Combat de Belorado [gén. *Roguet*, 1810]. Occupation de Médéah [mar. *Clauzel*, 1830].
23	D.	s. Clément.	Bataille de Loano [g. *Schérer* et *Massena*, 1795]. — de Tudela [mar. *Lannes* et *Moncey*, 1808].
24	L.	s. Séverin.	Combat de Castel Franco [gén. *Gouvion Saint-Cyr*, 1805]. — de Borisow [mar. *Oudinot*, 1812].
25	M.	ste. Catherine.	Siége de Paris par les Normands [885]. Bataille de Tudelingen [mar. *de Rantzau*, 1643]. Prise de Nieubourg [gén. *Savary*, 1806].
26	M.	ste. Geneviève.	Prise de Tortone (13) [duc *de Longueville*, 1642] — Combat d'Uldecona [gén. *Musnier*, 1810]. 1.er passage de la Bérésina [1812]. Prise de Zaatcha [gén. *Herbillon*, 1849].
27	J.	s. Lin. s. Maxime.	Bataille de Rosebecq [*Charles VI*, 1382]. Prise de Saint-Jean-d'Ulloa et de la Vera-Cruz [prince *de Joinville*, 1838].
28	V.	s. Sosthène.	Occupation de Varsovie [*Murat*, 1806]. Combat d'Alba de Tormès [g. *Kellermann*, 1809]. Bataille de la Bérésina [*Napoléon*, 1812].
29	S.	s. Saturnin.	Combat de Fresno [gén. *Valletaux*, 1810].
30	D.	*L'Avent.*	Occupation de Lisbonne [gén. *Junot*, 1807]. Bataille du Sommo-Sierra [*Napoléon*, 1808].

(1) 2.e prise d'Inspruck; le 19 mai 1809.
(2) Déjà pris en 1644 par le duc d'Enghien.
(3) Et le 18 sept. 1795.
(4) 2.e, 3.e et 4.e combats de Caldiéro, les 30 oct. 1805, 30 avril 1809, et 15 nov. 1813.
(5) Et le 12 mai 1809.
(6) Déjà pris en 1638, le fut encore en 1713, 1744, 1798 et 1800.
(7) 1.er combat de Smoliany, le 31 oct. 1812.
(8) Déjà pris en 1644 par Turenne, le fut encore en 1713 par le mar. de Bezons, et fut débloqué par Hoche le 26 déc. 1793.
(9) 2.e comb. d'Hollabr. (Massena, 10 juill. 1809).
(10) 1.er combat de Krasnoë, le 14 août précéd.
(11) Pris de nouv. en 1673, 1688, 1702 et 1794.
(12) Pris de nouv. les 16 mars 1793 et 29 juill. 1794.
(13) 2.e prise de Tortone, le 28 janv. 1734; 3.e, le 14 août 1745.

DÉCEMBRE (LE CAPRICORNE).

P. L. le 8, à 3 h. 37 m. du s. | N. L. le 22, à 3 h. 43 m. du s.
D. Q. le 15, à 5 h. 35 m. du s. | P. Q. le 30, à 1 h. 24 m. du s.

CALENDRIER.			ÉPHÉMÉRIDES MILITAIRES.
1	L.	s. Eloi.	Prise de la citadelle de Namur [gén. *de Valence*, 1792]. — de la redoute de Merlin [gén. *Gouvion Saint-Cyr*, 1794].
2	M.	ste. Aurélie.	Bataille d'Austerlitz [*Napoléon*, 1805]. Prise de Glogau [gén. *Vandamme*, 1806].
3	M.	s. Franç.-X.	Bataille d'Hohenlinden [gén. *Moreau*, 1800]. Combat de Tamzouat [gén. *Desmichels*, 1833].
4	J.	ste. Barbe.	Combat d'Embeck [marq. *de Caraman*, 1757]. Prise de Madrid (1) [*Napoléon*, 1808].
5	V.	s. Sabas.	Combat de Civita Castellana [gén. *Macdonald*, 1798]. Prise de Mascara (2) [mar. *Clauzel*, 1835].
6	S.	s. Nicolas.	Prise de Roses (3) [gén. *Gouvion Saint-Cyr*, 1808].
7	D.	s. Ambroise.	Occupation de Turin (4) et du Piémont [gén. *Joubert*, 1798].
8	L.	*La Conception.*	Prise d'Asti [*Chevert*, 1745]. Combat de Santa-Cruz [gén. *Montbrun*, 1808]. Prise de Tlemcen (5) [mar. *Clauzel*, 1835].
9	M.	ste. Léocadie.	Combat de Brihuéga [*Vendôme*, 1710]. — d'Alfaraz [col. *Robert*, 1809].
10	M.	ste. Eulalie.	Bataille de Villaviciosa (6) [*Vendôme*, 1710]. Combats sur la Nives [mar. *Soult*, 1813]. Occupation d'Oran [g. *Danrémont*, 1830].
11	J.	s. Daniel.	Combat de Magliano [gén. *Macdonald*, 1798]. Passage du Bug [gén. *Gauthier*, 1806]. Comb. du camp de l'Arba [col. *Lafontaine*, 1839].
12	V.	s. Valérien.	Combat et prise de Calvi [gén. *Maurice Mathieu*, 1798]. Combat de Salzburghoffen [gén. *Lecourbe*, 1800].
13	S.	ste. Luce.	Combat et passage de la Salza [gén. *Decaen*, 1800]. Bataille de Saint-Pierre-d'Irube [mar. *Soult*, 1813].
14	D.	s. Nicaise.	Prise d'Alcantara [marq. *de Bai*, 1706]. Combat de Voral [g. *Moreau*, 1800]. Occupation de Mers-el-Kebir [gén. *Danrémont*, 1830]. Combat de Blidah [gén. *Rullière*, 1839].
15	L.	s. Mesmin.	Bataille de Rethel [duc *de Praslin*, 1650]. Combat de Montefacio (7) [g. *Gouv. Saint-Cyr*, 1799]. Occup.on de Sétif [g. *Galbois*, 1838].
16	M.	ste. Adelaïde.	Combat d'Hersdorff [gén. *Richepanse*, 1800]. — de Carderon [gén. *Gouvion Saint-Cyr*, 1808].
17	M.	*Q. T.* ste. Olymp.	Prise de Brisach [duc *de Weimar*, 1638]. Retraite de Prague [mar. *de Belle-Isle*, 1742]. Combat de Duroca [gén. *Severoli*, 1812].
18	J.	s. Zozime.	Combat de Schwanstadt [gén. *Richepanse*, 1800]. Bataille de Nuremberg [gén. *Augereau*, 1800].
19	V.	*Q. T.* s. Timoléon.	Bataille de Dreux [duc *de Guise*, 1562]. Reprise de Toulon [gén. *Dugommier*, 1793]. Combat de Lambach (8) [g. *Richepanse*, 1800].
20	S.	*Q. T.* s. Philogone	Combat de Kremsmünster [gén. *Lecourbe*, 1800].
21	D.	s. Thomas.	Prise de Montmélian [*Catinat*, 1691]. Combat de Molins-del-Rey [gén. *Gouvion Saint-Cyr*, 1808].
22	L.	s. Honorat.	Combat de Freschweiller [g. *Hoche*, 1793]. — de Sotto [g. *Loison*, 1809].
23	M.	ste. Victoire.	Combats de Czarnowo et de Biezun [*Napoléon*, 1806]. Prise de la citadelle d'Anvers [m. *Gérard*, 1832]. Combat de l'Oued-Temda [gén. *Jusuf*, 1845]. Reddition d'Abd-el-Kader [1847].
24	M.	ste. Hermine.	Prise de Pescara [gén. *Duhesme*, 1798]. Combat de Mayorga [mar. *Ney*, 1808]. — de Castagnaro [gén. *Deconchy*, 1813].
25	J.	NOEL.	Bataille de Pozzolo [gén. *Brune*, 1800].
26	V.	s. Etienne.	Combats de Pultusck et de Golymin [mar. *Lannes* et *Davout*, 1806]. Passage du Guadalaviar et bataille d'Albuféra [m. *Suchet*, 1811].
27	S.	s. Jean.	Prise de l'île de Bommel (9) [gén. *Pichegru*, 1794]. Combat de Casanova [gén. *Guillaume*, 1800].
28	D.	ss. Innocents.	Prise du fort de Grave [gén. *Salm*, 1794]. Combat de Ceprano [gén. *Maurice Mathieu*, 1798].
29	L.	s. Trophime.	Bataille de Mulhausen [*Turenne*, 1674].
30	M.	ste. Colombe.	Combat d'Ohlau [gén. *Montbrun*, 1806]. Combat de Mancilla et prise de Léon [mar. *Soult*, 1808].
31	M.	s. Sylvestre.	Prise de Rome (10) [*Charles VIII*, 1494]. Assaut de Tarifa [g. *Leval*, 1811]. Combat de l'Oued-Lallegg [mar. *Valée*, 1839].

(1) Et le 23 mai 1823.

(2) Pris de nouv. par le g. Bugeaud, 30 mai 1841.

(3) Cette place, déjà prise le 31 mai 1645 par le comte Duplessis-Praslin, le 9 juin 1693 par le mar. de Noailles, et le 3 févr. 1795 par le gén. Pérignon, le fut encore le 21 avril 1823 par le mar. Moncey.

(4) Déjà pris le 24 septembre 1640 par le comte d'Harcourt.

(5) Pris de nouv. par le g. Bugeaud, 30 janv. 1842.

(6) 1.re bataille livrée à Villaviciosa par le mar. de Schomberg, le 17 juin 1665.

(7) 2.e et 3.e combats de Montefacio, les 7 avril 1800 et 12 avril 1814.

(8) 2.e et 3.e combats de Lambach, les 31 oct. et 1.er nov. 1805.

(9) Déjà prise en 1672 par Turenne.

(10) Les Français entrèrent de nouveau à Rome les 15 février, 15 déc. 1798 et 3 juillet 1849.

LISTE CHRONOLOGIQUE ET BIOGRAPHIQUE
DES MINISTRES SECRÉTAIRES D'ÉTAT DE LA GUERRE,
DEPUIS 1589, ÉPOQUE DE LEUR CRÉATION.

Dans l'origine, les grands-officiers de la couronne signaient les lettres-patentes et les expéditions. Sous la 1re race, il y avait sept grandes charges, savoir : celles de maire du palais, de duc ou gouverneur de province, de comte ou gouverneur de ville, de comte du palais, de comte de l'étable ou référendaire, de chambrier.

Sous la 2e race, on comptait dix grands-officiers : le grand-aumônier; le grand-chancelier; le grand-chambrier; le comte du palais ou grand-maître; le sénéchal, institué par Charlemagne; le grand-échanson; le comte de l'étable; le grand-veneur; le fauconnier.

Sous la 3e race, il n'y avait plus que cinq officiers qui signassent les chartes, savoir : le sénéchal; le bouteiller; le chambrier; le connétable; le chancelier.

Elles furent ensuite signées par les notaires, qui prirent le titre de notaires-secrétaires. Parmi ces derniers, il y en eut quelques-uns que le roi distingua des autres et qui furent nommés *clercs du secret*. C'est la première origine des secrétaires d'État. Charles VII fixa le nombre des notaires-secrétaires à douze, et leur donna des commissions pour signer en finance. Cet ordre fut observé jusqu'au règne de Henri II.

Ce prince, par un règlement signé à Haute-Bruyère, le 1er avril 1547, réduisit les titulaires de ces charges à quatre, leur donna le nom de secrétaires des commandements et finances, et leur attribua à chacun un certain nombre de provinces et de pays étrangers, dont ils eurent mission d'expédier toutes les affaires.

M. de Bochetel, seigneur de Sassy, eut la Normandie, la Picardie, la Flandre, l'Écosse et l'Angleterre;

M. de Clausse, seigneur de Marchaumont, la Provence, le Languedoc, la Guyenne, la Bretagne, l'Espagne et le Portugal;

M. de l'Aubespine, baron de Châteauneuf, la Champagne, la Bourgogne, la Bresse, la Savoie, l'Allemagne et la Suisse;

M. du Thier, seigneur de Beauregard, Lyon, le Dauphiné, le Piémont, Rome, Venise, le Levant.

M. de l'Aubespine fut le premier qui, comme l'un des ministres plénipotentiaires pour la paix conclue avec l'Espagne, au Cateau-Cambrésis, le 3 avril 1559, prit dans ce traité le titre de secrétaire d'État qui, depuis, a toujours été donné à ses successeurs dans leurs provisions.

Le 8 septembre 1588, Henri III ayant remercié les secrétaires d'État en fonctions, ainsi que leurs survivanciers, créa, le 15 du même mois, quatre nouvelles charges de secrétaire d'État, et décida, le 1er janvier 1589, qu'il y en aurait un pour la guerre, un pour les affaires étrangères, le commerce et la marine, un pour la maison du roi, et un pour l'intérieur du royaume.

M. de Révol, déjà pourvu de sa charge depuis le 15 septembre 1588, eut le département de la guerre.

DATE de la nomination.	MINISTRES SECRÉTAIRES D'ÉTAT.	MINISTRES INTÉRIMAIRES.	DATE de la cessation des fonctions.
1er janv. 1589	Revol (Louis de).	. . . .	24 sept. 1594
30 sept. 1594	Villeroi (Nic. Neufville de).	. . . .	3 mars 1606
4 mars 1606	Puisieux (Pierre, Brulart, marquis de)	. . . .	9 août 1616
9 août 1616	. . . .	Mangot de Villarceau, garde des sceaux.	25 nov. 1616
30 nov. 1616	Richelieu (Armand-Jean Duplessis), évêque de Luçon.	. . . .	1er mai 1617
1er mai 1617	Puisieux (Pierre, Brulart, marquis de).	. . . .	4 fév. 1624
5 fév. 1624	Le Beauclerc (Charles, Sr d'Achères).	. . . .	13 oct. 1630
11 déc. 1630	Servien (Abel, marquis de Sablé).	. . . .	10 fév. 1636

ACTES OU FAITS PRINCIPAUX.	OBSERVATIONS.
Intendant de l'armée de Provence sous le duc d'Épernon, en 1586. — Assista aux États de Blois, puis aux conférences de Noisy et de Suresne ; rédigea la réponse de Henri IV aux propositions de paix faites par le cardinal de Gondy et l'archevêque de Lyon pendant le siége de Paris. — Mort en 1594.	Fut aussi ministre des affaires étrangères.
Secrétaire d'état en survivance de M. de l'Aubespine, son beau-père, le 25 oct. 1567 ; exerça sous quatre rois, Charles IX, Henri III, Henri IV et Louis XIII. — Négocia, en 1570, le mariage de Charles IX avec Élisabeth d'Autriche, et en 1573, l'accommodement avec les Rochelois. — Rédigea, en 1578, les statuts de l'ordre du Saint-Esprit, dont il fut nommé grand-trésorier. — En 1596, fit établir l'hôpital de Loursine, destiné aux militaires estropiés à la guerre. — Prit part, en 1598, au traité de Vervins. — Obtint la restitution du marquisat de Saluces et la soumission de M. de Bouillon. — A publié des mémoires (1567 - 1604). — Mort en 1617.	Idem.
Pourvu de la charge de secrétaire d'état à l'âge de 17 ans. — En 1615 ambassadeur extraordinaire pour le double mariage de France et d'Espagne, se rendit à la frontière pour l'échange des deux reines. — Conduisit plusieurs négociations importantes, entr'autres celle qui remit Montpellier sous l'obéissance du roi. — Éloigné du ministère en 1616, par le maréchal d'Ancre, il y rentra l'année suivante. — Mort en 1640.	Idem.
Exilé à Avignon, en 1617. — Rentra au conseil en 1624. — Successivement cardinal, premier ministre, duc et pair, surintendant général de la navigation et du commerce, généralissime des armées. — Conduisit en personne le siége de La Rochelle, dont la prise (1628) abattit le protestantisme, comme parti politique ; détruisit l'ascendant de la maison d'Autriche ; fonda l'Académie française, l'imprimerie royale et le jardin des plantes. — Fit bâtir le palais cardinal, qu'il légua à Louis XIII. — Mourut en 1642, à 58 ans, après avoir exercé pendant 25 années les fonctions de premier ministre.	Idem.
. . . .	Pour la 2e fois.
Suivit Louis XIII au siége de La Rochelle. — Contresigna plusieurs édits importants, tels que ceux portant suppression des offices de connétable et d'amiral de France, création de 12 conseillers généraux des finances des armées, et révocation des 200 gentilshommes de la maison du roi. — Mort en 1630.	
Conseiller d'État, surintendant des finances. — Membre de l'Académie française. — Ambassadeur plénipotentiaire pour rétablir la paix en Italie, dans la Valteline et chez les Grisons. — Conclut, en 1632, un traité pour la cession à la France des ville et château de Pignerol. — Éloigné des affaires par Richelieu, il y fut rappelé par Mazarin, et prit une grande part au traité de Westphalie. — En novembre 1633, il contribua à la fondation d'une communauté, en ordre de chevalerie, établie à Bicêtre, sous le titre de *commanderie de Saint-Louis*, pour la nourriture et l'entretien de tous les soldats estropiés à la guerre. — Mort en 1659, à 66 ans.	Exerça depuis le 13 octobre 1630, époque de la mort de M. Le Beauclerc ; mais ne reçut les provisions de sa charge que le 11 décembre suivant.

DATE de la nomination.	MINISTRES SECRÉTAIRES D'ÉTAT.	MINISTRES INTÉRIMAIRES.	DATE de la cessation des fonctions.
12 fév. 1636	Sublet Desnoyers (Franç., baron de Dangu).	. . . .	10 avril 1643
13 avril 1643	Letellier (Michel).	. . . .	24 fév. 1662
janv. 1651	. . . .	Loménie Brienne, ministre des affaires étrangères.	déc. 1651
24 fév. 1662	Louvois (François-Michel Letellier, marquis de).	. . . .	16 juill. 1691
16 juill. 1691	Barbesieux (Louis-Franç. Michel Letellier, marquis de).	. . . .	5 janv. 1701
8 janv. 1701	Chamillard (Michel, marquis de Cani, seigneur de Courcelles).	. . . .	9 juin 1709
17 juin 1709	Voysin (Daniel-François).	. . . .	15 sept. 1715

ACTES OU FAITS PRINCIPAUX.	OBSERVATIONS.
Intendant des finances et des armées. — Surintendant des bâtiments du Roi. — Fit exécuter de grands travaux de fortification dans plusieurs places de guerre, restaurer le château de Fontainebleau et placer l'imprimerie royale dans le côté droit de la façade du Louvre, qui fut construit à cet effet. — Mort en 1645, à 57 ans.	
Maître des requêtes. — Intendant de l'armée d'Italie. — Contribua beaucoup à terminer les troubles de la régence. — Traita, en 1652, à Limours, avec le duc d'Orléans; délivra, en 1654, la ville d'Arras, assiégée par le prince de Condé. — Fonda, en 1661, le collége des Quatre-Nations, en exécution du testament de Mazarin. — Nommé, en 1677, chancelier de France, il contresigna, en cette qualité, la révocation de l'Édit de Nantes, au mois d'octobre 1685. — Mort la même année, à 82 ans.	
Fils aîné de Michel Letellier. — En survivance depuis 1654. — Obtint, en 1662, l'autorisation de tout signer, bien qu'il n'eût pas l'âge. — Surintendant des postes (1668). — Chancelier des ordres du roi (1671). — Surintendant des bâtiments royaux, arts et manufactures (1683). — Remplit à diverses reprises les fonctions de grand-maître de l'artillerie. — Créa (1671) un régiment de *Fusiliers du Roi*, le premier qu'on eût en France, armé de fusils et de baïonnettes. Ce corps prit, en 1693, le titre de *Régiment royal artillerie.* — L'armée lui dut son organisation, ainsi qu'un grand nombre d'ordonnances réglant la solde et l'uniforme des troupes, lesquelles ont servi de bases à la plupart de celles qui ont été rendues depuis. — Il créa l'*Ordre du tableau,* état général des services, d'après lequel les militaires devaient avancer dorénavant sans distinction de personnes; affermit la discipline et fit observer la hiérarchie militaire. — Par l'habileté de ses dispositions, il assura le succès de la campagne de Flandre et la conquête de la Franche-Comté. — Mit Strasbourg sous la domination de la France (1681). — C'est pendant son ministère que furent fondés l'hôtel royal des Invalides, et les écoles militaires dites Compagnies des cadets. — Acquit, pour le roi, en 1685, l'hôtel de Vendôme pour y construire la place de ce nom. — Créa les archives et le dépôt de la guerre qui furent établis d'abord à l'hôtel Louvois, et plus tard aux Invalides. — Mort en 1691, à 50 ans.	
Fils du précédent. — En survivance dès le 5 décembre 1681. — Chancelier des ordres du roi. — Assura, par ses bonnes dispositions, la prise de Namur et le succès de la campagne de 1692. — Pendant son ministère l'ordre de Saint-Louis fut créé, en avril 1693. — Mort en 1701, à 33 ans.	
Contrôleur général des finances; grand-trésorier des ordres du roi. — Contribua, par son économie, à rétablir l'ordre dans les finances épuisées. — Obtint du clergé un don de deux millions et une subvention annuelle de quatre millions jusqu'à la fin de la guerre. — Augmenta les garnisons des places frontières. — Fonda, en 1706, une académie des sciences à Montpellier. — Mort en 1721, à 69 ans.	Son fils, Michel de Chamillard, marquis de Cani, nommé en survivance le 3 janvier 1707, se démit de sa charge en même temps que lui.
Conseiller d'État. — Chancelier de France. — Membre du conseil de régence. — Fixa, par une ordonnance du 6 novembre 1714, le prix des différents régiments d'infanterie à 75,000, 55,000, 40,000 et 30,000 livres. — Inspira et écrivit le testament de Louis XIV. — Mort en 1717, à 62 ans.	

DATE de la nomination.	MINISTRES SECRÉTAIRES D'ÉTAT.	MINISTRES INTÉRIMAIRES.	DATE de la cessation des fonctions.
15 sept. 1715	Villars (Louis-Hector, duc de), maréchal de France, président du Conseil de la guerre.	. . . .	24 sept. 1718
24 sept. 1718	Leblanc (Claude).	. . . .	1er juill. 1723
4 juill. 1723	Breteuil (François-Victor le Tonnelier, marquis de).	. . . .	16 juin 1726
19 juin 1726	Leblanc (Claude).	. . . .	19 mai 1728
22 mai 1728	Angervilliers (Nicol. Prosp. Bauyn d').	. . . .	15 fév. 1740
20 fév. 1740	M.is de Breteuil.	. . . .	7 janv. 1743
8 janv. 1743	Argenson (Marc-Pierre de Voyer, comte d').	. . . .	1 fév. 1757

ACTES OU FAITS PRINCIPAUX.	OBSERVATIONS.
Membre de l'Acad. fr.ᵉ—Colonel à 21 ans, après la bataille de Senef. — Maréchal de France après la victoire de Friedlingen. — Pacifia les Cévennes. — Sauva la France à Denain. — Le roi, regrettant de ne pouvoir rétablir en sa faveur la dignité de connétable, le nomma maréchal général de France en 1730, à l'âge de 80 ans. Il reprit à cette époque le commandement de l'armée, conquit le Milanais et le duché de Mantoue, et mourut à Turin, en 1734, au milieu de ses triomphes. Il a laissé des mémoires.	A la mort de Louis XIV, un édit du mois de septembre 1715 établit un Conseil de la guerre, et un autre édit, du mois de janvier 1716, supprima la charge de secrétaire d'État, qui fut rétablie le 24 septembre 1718.
Conseiller d'État. — Grand'-croix, grand-prévôt et maître des cérémonies de l'ordre de Saint-Louis, lors de la création de ces charges en 1719. — Fit partie du conseil de la guerre.— On lui doit d'utiles ordonnances, entr'autres celles de mars 1720, portant réorganisation de la maréchaussée dans tout le royaume; des 6 mai et 24 août 1720, sur la discipline et l'habillement des troupes; du 22 mai 1722, sur le service de l'artillerie, et de 1726, portant création des milices provinciales, converties depuis en régiments provinciaux. — Il fit augmenter le nombre des dignitaires et le taux des pensions de l'ordre de Saint-Louis; fixa à 150 livres le prix de remplacement de chaque homme de milice. — Mis à la Bastille, le 1ᵉʳ juillet 1723, sous le poids d'une accusation de concussion, qui fut reconnue fausse.	
Maître des requêtes (1712). — Intendant de Limoges (1718). — Chancelier de la reine (1725).—Conseiller d'État (1740).—Ministre d'État (1741) jusqu'à sa mort (1743). Introduisit d'utiles réformes dans l'armée. — Fit rendre, en 1725, plusieurs ordonnances pour la réduction de la maison du roi.	
. . . .	Pour la 2ᵉ fois jusqu'à sa mort, en 1728.
Conseiller d'État, intendant de la généralité de Paris. — Établit une manufacture d'armes blanches à Klingenthal, en Alsace. — Créa un office de trésorier général triennal de l'extraordinaire des guerres. — On lui doit plusieurs ordonnances importantes sur l'habillement et l'armement des troupes; notamment celle du 10 avril 1737, qui enjoint aux officiers de porter leur uniforme pendant qu'ils seront au corps. — Mort en 1740.	
. . . .	Pour la deuxième fois jusqu'à sa mort.
Conseiller d'État et intendant de la généralité de Paris. — Réunit aux fonctions de secrétaire d'État de la guerre, celles de surintendant général des postes, de directeur de la librairie et de directeur général des fortifications de terre et des haras. Comme conseiller d'État, il fut le collaborateur de d'Aguesseau. — Il accorda de grands encouragements aux arts et aux lettres. — Contresigna l'édit du 22 janvier 1752 conférant de droit la noblesse à tous les officiers généraux et à leur descendance. — Proposa l'établissement d'une école du génie à Mézières et d'une école d'artillerie à Lafère; la fondation de l'École royale militaire de Paris (1751); l'institution du corps des grenadiers de France et la création (8 décemb. 1755) du corps royal de l'artillerie et du génie.— Astreignit les officiers généraux à porter un uniforme. — Réorganisa le service des hôpitaux et des haras. — Ses habiles dispositions contribuèrent beaucoup aux succès des armées françaises en 1744 et 1745.— Il assista à la bataille de Fontenoi, et le roi, en récompense de ses services, lui fit don de 8 canons anglais pris à cette	

DATE de la nomination.	MINISTRES SECRÉTAIRES D'ÉTAT.	MINISTRES INTÉRIMAIRES.	DATE de la cessation des fonctions.
1er fév. 1757	Paulmy (Antoine-René de Voyer d'Argenson, marquis de).	. . . .	25 fév. 1758
29 fév. 1758	Belle-Isle (Louis-Charles-Auguste Fouquet, duc de), maréch. et pair de France.	. . . .	26 janv. 1761
27 janv. 1761	Choiseul (Étienne-François, duc de), lieutenant-gén. et pair de France.	. . . .	24 déc. 1770
6 janv. 1771	Monteynard (Louis-Franç., marquis de), lieut.-gén.	. . . .	27 janv. 1774
30 janv. 1774	Aiguillon (Emman. Armand de Vignerot du Plessis Richelieu, duc d'), lieut. génér. et pair de France.	. . . .	2 juin 1774
5 juin 1774	Muy (Louis-Nicol. de Félix comte du), maréchal de France.	. . . .	10 oct. 1775

ACTES OU FAITS PRINCIPAUX.	OBSERVATIONS.
bataille. — C'est à lui qu'est due la conception du projet de la place de la Concorde et des monuments qui la décorent. — Mort en 1764, à 68 ans.	
Neveu du précédent, en survivance depuis le 8 octobre 1751. — Conseiller d'État, membre de l'Académie française. Négociateur, historien, bibliographe. — Il fut successivement ambassadeur en Suisse, en Pologne et à Venise. — Sa curieuse bibliothèque, acquise en 1781 par le comte d'Artois, est devenue celle de l'Arsenal. — Il en a publié l'extrait sous le titre de *Mélanges tirés d'une grande bibliothèque*, 100 vol. — Mort en 1787, à 65 ans.	
Membre de l'Acad. fr.ᵉ — Gouverneur de Metz et des trois évêchés. — Ambassadeur extraord. à la diète de Francfort pour l'élection de l'empereur Charles VII (1742). — Se distingua comme lieut.-gén. dans la campagne de 1734. — S'empara de Trèves et de Traër-bach. — Assista au siége de Philisbourg. — Concourut à la paix de 1736, qui assura la Lorraine à la France. — En 1742 sauva, par une habile retraite, les Français renfermés dans Prague. — Prit une grande part à la rédaction des ordonnances de 1736 et 1737, relatives à l'uniforme des troupes, et fut l'auteur de celle qui régla les nominations au commandem.ᵗ des régiments. — Proposa l'institution de l'ordre du Mérite mil. en faveur des officiers protestants. — Fit construire, en 1759, à Versailles, les hôtels de la guerre, de la marine et des affaires étrangères, sur les plans de Berthier, ingén. géogr., père du mar. Berthier. — Mort en 1761, à 77 ans.	M. de Crémille, lieutenant-général, avait la signature avec M. le maréchal de Belle-Isle.
Colonel en 1743; mar.-de-camp en 1748; lieut.-gén. en 1759. — Ambassad. à Vienne en 1756; ministre des aff.ᵉˢ étrang. en 1758; colon. général des Suisses, gouvern. général de Touraine, surintendant des postes, grand-bailli de Haguenau. — De 1761 à 1770 il réunit successivement au ministère de la guerre celui de la marine, puis celui des aff.ᵉˢ étr. — On lui doit d'utiles réformes dans l'armée et le rétabliss.ᵗ de la marine franç. Il réorganisa le corps de l'artill. — Fonda en 1764 le collége roy. milit. de La Flèche, et fit créer quatre écoles d'équit. à Metz, Douai, Besançon et Angers. — Fit supprimer pour 20 millions de subsides annuels accordés à diverses puissances de l'Europe. — Assura la conquête de la Corse. — Fit décider la suppression de l'ordre des jésuites. — Exilé à Chanteloup le 24 décemb. 1770. — A laissé des Mémoires. — Mort en 1785, à 66 ans.	
Fut gouverneur de Saarlouis et gouvern. gén. de l'île de Corse. — Fit avec distinction les guerres d'Allemagne et d'Italie, de 1728 à 1760. — On lui doit la création de l'école de cavalerie de Saumur.	Il avait un adjoint et trois directeurs généraux.
Capit. comm. des chev.-légers de la garde du roi. — Ministre des aff.ᵉˢ étrang. en 1771. — Gouvern. et lieut.-gén. de la prov. d'Alsace. — Se distingua en Italie. — Lorsqu'il était gouv. de Bretagne, il eut de graves démêlés avec le parlem.ᵗ de cette prov., et repoussa avec vigueur les Anglais qui, à deux reprises différ., avaient tenté d'opérer des descentes sur les côtes de France. — Mort en 1780, à 60 ans.	
Lieutenant-général en 1748, maréchal de France le 24 mars 1775. — Gouverneur de la Flandre en 1762. — Se distingua comme lieut.-gén. aux batailles de Fontenoi, de Crevelt, d'Hastembeck, de Minden. — Contresigna plusieurs ordonnances concernant l'infanterie. — Fit établir dans les combles de l'hôtel des Invalides les plans en relief des places de guerre, qui étaient précédemment dans la grande galerie du Louvre. — Mort en 1775, à 64 ans.	

DATE de la nomination.	MINISTRES SECRÉTAIRES D'ÉTAT.	MINISTRES INTÉRIMAIRES.	DATE de la cessation des fonctions.
27 oct. 1775	Saint-Germain (Claude-Louis, comte de), lieut.-général.	. . . .	27 sept. 1777
27 sept. 1777	Montbarey (Alex. Marie-Él. de Saint-Mauris, prince de), maréchal-de-camp.	. . . .	18 déc. 1780
19 déc. 1780	. . . .	Cte de Vergennes, ministre des affaires étrangères.	22 déc. 1780
23 déc. 1780	Ségur (Phil. Henri, marquis de), maréchal de France.	. . . .	29 août 1787
29 août 1787	. . . .	Bon de Breteuil, ministre de la maison du Roi.	24 sept. 1787
24 sept. 1787	Loménie-Brienne (Louis-Marie-Athan., comte de), lieutenant-général.	. . . .	28 nov. 1788
30 nov. 1788	Puységur (Pierre-Louis de Chastenet, comte de), lieutenant-général.	. . . .	12 juill. 1789

ACTES OU FAITS PRINCIPAUX.	OBSERVATIONS.
Lieutenant-général en 1748. — Commandant de la Basse-Alsace en 1756. — Défendit Dunkerque contre les Anglais. — Sauva les débris de l'armée française après la bataille de Rosbach. — Se distingua à Minden, à Corbach. — Fit supprimer la peine de mort contre les déserteurs. — Réorganisa les bureaux de la guerre en juin 1776. — A publié des *mémoires* et une *correspondance* avec Paris Duverney. — Mort en 1778, à 71 ans.	En 1776 il eut pour adjoint au ministère de la guerre le prince de Montbarcy, secrétaire d'État en survivance, avec le titre de direct.ʳ de la guerre.
Capit.-colonel des Suisses de la garde de Monsieur. — Lieut.-génér. en 1780. — Fit les campagnes de Flandre et d'Allemagne. — Se distingua à Laufeld et à Crevelt, où il fut blessé; à Lutzelbourg, à Corbach, etc. — En 1762 il prit au prince de Brunswick six pièces de canon, dont le roi lui fit don. — Fit créer la place de colonel-général des hussards, en faveur du duc de Chartres, et rétablir celle de colonel-général de l'infanterie en faveur du prince de Condé. — A laissé des Mémoires. — Mort en 1796, à 64 ans.	
Gouverneur de la Franche-Comté. — Lieutenant-général en 1760, maréchal de France en 1783. — Se distingua dans les guerres de Bohême et d'Italie. — A Minden, Warburg, Clostercamp, etc. — Blessé grièvement à Raucoux et à Laufeld, où il eut un bras emporté. — Rédigea l'ordonnance du 2 mai 1781, sur les hôpitaux militaires. — Fit donner aux soldats un lit pour deux, au lieu de les laisser trois ensemble, suivant la coutume des armées d'alors. — Créa le corps d'état-major et l'artillerie légère. — Publia un règlement général sur l'habillement et l'équipement des troupes de toutes armes. — Obtint, par ordonnance du 10 août 1785, la fondation d'une école en faveur de cent enfants de soldats invalides. — Institua une caisse de pensions pour les plus anciens chevaliers de Saint-Louis, et fit accorder des secours annuels aux militaires retirés du service sans pension. — Mort en 1801, à 77 ans.	
Lieutenant-général en 1780. — Membre de l'assemblée des notables en 1787. — Se distingua, en 1744, à l'attaque des lignes de Wissembourg. — Fit instituer, par ordonnance du 9 octobre 1787, sous le titre de Conseil de la guerre (1), un conseil d'administration, dont il fut président, et qui publia de très-bons règlements sur l'organisation de l'armée. Le comte de Brienne périt sur l'échafaud en 1794, à l'âge de 64 ans. — (L'hôtel actuellement occupé par le ministre de la guerre était sa propriété).	(1) Ce conseil se composait de MM. de Gribeauval, comte de Puységur, duc de Guines, marquis de Jaucourt, lieuten.-gén.; de Fourcroy, comte d'Autichamp, comte d'Esterhazy, marquis de Lambert, maréch.-de-camp; Cᵗᵉ de Guibert, rapp.
Mar.-de-camp en 1762. — Lieutenant-gén. en 1781. — Membre, puis président du conseil de la guerre. — Fit avec distinction les guerres de Flandre et de Hanovre. Lorsqu'il se démit de ses fonctions de ministre de la guerre, l'Assemblée nationale déclara qu'il emportait l'estime et les regrets de la nation. — Au 10 août 1792 il commandait une compagnie de gentilshommes qui défendit la famille royale. — Mort en 1807, à 80 ans.	

DATE de la nomination.	MINISTRES SECRÉTAIRES D'ÉTAT.	MINISTRES INTÉRIMAIRES.	DATE de la cessation des fonctions.
13 juill. 1789	Broglie (Victor-Franç., duc de), maréchal et pair de France.	. . . .	15 juill. 1789
15 juill. 1789	. . . .	Cte de St-Priest (Guignard), ministre de l'intérieur.	4 août 1789
4 août 1789	La Tour Dupin Gouvernet (Jean-Fréderic, comte de Paulin) lieutenant-gén.	. . . .	8 nov. 1790
16 nov. 1790	Duportail (Louis le Bègue de Presle), mar.-de-camp.	. . . .	2 déc. 1791
6 déc. 1791	Narbonne (Louis, chev^r de), maréchal-de-camp.	. . . .	9 mars 1792
20 déc. 1791	. . . .	De Lessart (Valdec), min. des affaires étrangères.	8 janv. 1792

ACTES OU FAITS PRINCIPAUX.	OBSERVATIONS.
Prince de l'empire. — Maréchal de France en 1759. — Gouverneur général de Metz et du pays messin. — Commandait, en 1789, les troupes rassemblées autour de Versailles et de Paris. — Se distingua dans les guerres d'Italie, de Flandre et d'Allemagne, notamment à Raucoux, Laufeld, au siége de Maëstricht, à Hastembeck, à Marburg, à Sundershausen, à Bergen, à Corbach. Les principales ordonnances promulguées pendant son court ministère, entre autres celle du 14 juillet, portant suppression du conseil de la guerre, furent contre-signées par M. Laurent de Villedeuil, ministre de la maison du roi. — Le maréchal de Broglie mourut en 1804, à 86 ans. Formation de la milice bourgeoise ou garde nationale.	
Commandant en chef des provinces de Poitou, Aunis et Saintonge. — Se distingua pendant la guerre de sept ans comme colonel des grenadiers de France. — Fut député de la noblesse de Saintes aux États généraux. — Pendant son ministère, il présenta un plan pour l'organisation de l'armée, et comprima, par ses dispositions énergiques, l'insurrection de Nancy, en août 1790. — En vertu de deux ordonnances des 22 septemb. et 29 octobre 1790, il constitua l'armée française en cinq armes distinctes, l'infanterie, la cavalerie, l'infanterie étrangère, l'artillerie et le génie. — Le 30 juin 1790, l'armée prit les trois couleurs. Cité comme témoin dans le procès de la reine (1793), il fut lui-même décrété d'accusation et périt sur l'échafaud en 1794, à 67 ans.	
Officier du génie. — Passa, en 1777, en Amérique, fit avec distinction la guerre de l'indépendance, à la tête des ingénieurs des États-Unis et fut chargé de la construction des forts et de tous les ouvrages de fortification importants. — Pendant son ministère, la gendarmerie nationale fut créée; le Code militaire promulgué; le corps des commissaires des guerres dissous et réorganisé, et un grand nombre de décrets furent rendus concernant la responsabilité des ministres, la solde, la discipline, l'habillement et l'avancement des troupes, l'uniforme des gardes nationales, etc. — Une ordonnance du 1er janvier 1791 prescrivit que les régiments de l'armée ne seraient plus désignés à l'avenir que par des numéros. — Mort en 1802.	2 décemb. 1791, création d'un comité central de la guerre, composé de 7 membres et de 2 adjoints.
Commandant en chef des gardes nationales du Doubs en 1790. — Pendant son ministère, il visita les frontières et fit, à la suite de ce voyage, un brillant rapport à l'Assemblée législative sur les ressources militaires de la France. — Organisa trois armées sous les ordres des généraux Rochambeau, Luckner et Lafayette. — Général de division en 1809. — Remplit plusieurs missions diplomatiques. — Fit la campagne de Russie en qualité d'aide-de-camp de l'Empereur. — Fut ambassadeur à Vienne en 1813, puis commandant de la place de Torgau, où il mourut la même année.	
. . . .	Pendant le voyage de M. de Narbonne aux frontières.

DATE de la nomination.	MINISTRES SECRÉTAIRES D'ÉTAT.	MINISTRES INTÉRIMAIRES.	DATE de la cessation des fonctions.
9 mars 1792	Grave (Pierre-Marie, marquis de), mar.-de-camp.	. . . .	8 mai 1792
9 mai 1792	Servan (Joseph), maréchal-de-camp.	. . . .	12 juin 1792
12 juin 1792	. . . .	Dumouriez, gén. de divis., ministre des aff. étrang.	16 juin 1792
16 juin 1792	Lajard (Pierre-Auguste), adjudant-génér., colonel de la garde nat. de Paris.	. . . .	23 juill. 1792
23 juill. 1792	Abancourt (Charles-Xavier-Joseph Franqueville d'), adj. gén., colonel de cav.	. . . .	10 août 1792
11 août 1792	. . . .	Clavière, min. des contribut. et des revenus publics.	21 août 1792
11 août 1792	Servan, maréchal-de-camp.	. . . .	6 oct. 1792
7 oct. 1792	. . . .	Lebrun, min. des aff. étr.	18 oct. 1792
18 oct. 1792	Pache (Jean-Nicolas).	. . . .	2 fév. 1793
4 et 14 fév. 1793	Beurnonville (Pierre de Riel), lieutenant-génér.	. . . .	14 avril 1793

ACTES OU FAITS PRINCIPAUX.	OBSERVATIONS.
Campagnes de 1781-1782, au camp de Saint-Roch. — Sous l'empire, commandant de l'île d'Oléron. — En 1814, lieutenant-général honoraire, pair de France et chevalier d'honneur de S. A. R. Mme la duchesse d'Orléans. — Mort en 1823, à 68 ans.	
Officier du génie; sous-gouverneur des pages de Louis XVI. — Provoqua la formation d'un camp autour de Paris. — Sous son ministère, la garde du roi et les régiments suisses furent licenciés, et différentes peines corporelles, ci-devant infligées aux soldats, supprimées. — Lorsqu'il donna sa démission, l'Assemblée nationale, par un décret du 13 juin 1792, déclara qu'il avait bien mérité de la patrie. — Ministre une seconde fois, après le 10 août, il passa ensuite comme général de division au commandement en chef de l'armée des Pyrénées orientales. — Sous le consulat il fut président du conseil des revues. — Il est auteur d'un *Projet de constitution pour l'armée française*, d'une *Histoire des guerres des Gaulois en Italie*, et de plusieurs articles militaires publiés dans l'Encyclopédie. — Mort en 1808, à 67 ans.	
Provoqua à l'Assemblée nationale la levée de 42 bataillons de volontaires. — Sous son ministère, la *Patrie fut déclarée en danger* par décret du 12 juillet 1792. — Député au corps législatif en 1808; maréchal-de-camp en 1814. — Mort en 1836, à 79 ans.	
Neveu de M. de Calonne. — Avait fait partie du comité central de la guerre. — Décrété d'accusation le 10 août, et massacré le 9 septembre 1792, à Versailles, avec Valdec de Lessart et les autres prisonniers de la haute cour d'Orléans.	
21 septembre 1792, commencement de l'ère républicaine.	Pour la 2e fois.—Rappelé le 11 août, n'a pris possession que le 21.
15 octobre 1792, suppression de la croix de Saint-Louis comme décoration militaire.	
Employé au ministère de la marine. — Fut nommé maire de Paris après avoir été destitué par la convention de ses fonctions de ministre de la guerre. — Mort en 1823.	
Lieutenant-général en 1789. — Maréchal de France le 3 juillet 1816. — Fit les campagnes de l'Inde (1779-1781). — Valmy, Jemmapes. — Successivement commandant en chef des armées du centre, de Sambre et Meuse, du Nord. — Sous le consulat et l'empire, ambassadeur à Berlin et à Madrid, sénateur. — En 1814, membre du gouvernement provisoire. — Puis ministre d'État, membre du conseil privé. — Mort en 1821, à 69 ans.	Démissionnaire le 11 février 1793; réélu par la Convention le 14; partit le 30 mars suivant pour aller visiter les armées, et fut retenu prisonnier par Dumouriez, qui le livra aux Autrichiens.

DATE de la nomination.	MINISTRES SECRÉTAIRES D'ÉTAT.	MINISTRES INTÉRIMAIRES.	DATE de la cessation des fonctions.
3o mars 1793	. . . .	Lebrun , min. des aff. étr.	4 avril 1793
4 avril 1793	Bouchotte (Jean-Baptiste-Noël), colonel.	. . . .	20 avril 1794 (1 floréal II)
13 juin 1793	Beauharnais (Alexandre), général de division.	. . . .	. . . .
18 avril 1794 (29 germ. II)	Pille (Louis-Ant.), général de brig., commiss. gén. de l'organis. et du mouv. des armées de terre.	. . . .	3 nov. 1795 (12 brum. IV)
3 nov. 1795 (12 brum. IV)	Aubert Dubayet (Jean-Baptiste-Annibal), général de division.	. . . .	8 fév. 1796 (19 pluv. IV)
8 fév. 1796 (19 pluv. IV)	Petiet (Claude), commissaire ordonnateur des guerres.	. . . .	23 juill. 1797 (5 therm. V)
23 juill. 1797 (5 therm. V)	Schérer (Barthélemi-Louis-Joseph), général de division.	. . . .	21 fév. 1799 (3 ventôse VII)
21 fév. 1799 (3 ventôse VII)	Milet de Mureau (Louis-Mar. Antoine-Destouff), général de brigade.	. . . .	2 juill. 1799 (14 mess. VII)

ACTES OU FAITS PRINCIPAUX.	OBSERVATIONS.
Lieutenant-colonel commandant à Cambrai en 1792. — Empêcha cette place de tomber au pouvoir des Autrichiens. — Nommé ministre de la guerre par un vote unanime de la convention. — Créa onze armées. — Par ses soins, 700,000 hommes furent levés, habillés, armés dans un délai de quatre mois. — 14 et 16 août 1793, décrets pour la levée en masse du peuple français. — 5 septembre 1793, formation de l'armée révolutionnaire, licenciée le 27 mars 1794. — 5 octobre 1793, établissement du calendrier républicain. — Mort en 1840, à 86 ans.	
. . . .	N'a pas accepté.
Commandant de la garde nationale de Dijon. — Forma les bataillons de volontaires du département. — Se distingua dans les campagnes de 1792 et 1793. — Prit une grande part à l'organisation des armées de la république. — Général de division en 1796. — 1er juin 1794 (13 prairial an ii) formation de l'école de Mars dans la plaine des Sablons. — 28 septembre 1794, création de l'école centrale des travaux publics, qui prit, le 1er septembre 1795, la dénomination d'école polytechnique. — Mort en 1828, à 79 ans.	Un décret de germinal an ii (avril 1794) supprima les ministères et les remplaça par 12 commissions exécutives.
Député à l'assemblée législative. — Fit la guerre de l'indépendance en Amérique, et commanda avec distinction en Vendée. — En quittant le ministère il prit le commandement de l'armée des côtes de Cherbourg, et peu de temps après fut nommé ambassadeur à Constantinople, où il mourut à 38 ans.	
Commissaire général des armées du centre, de l'ouest et de Sambre et Meuse. — Membre du conseil des anciens. — Pendant son ministère déploya la plus grande activité et parvint à rétablir l'ordre dans l'administration. — Créa, le 2 septembre 1796, à Versailles, une école d'instruction des troupes à cheval. — Lorsqu'il se retira, il donna, le premier, l'exemple de rendre un compte exact de son administration. — En 1799, député au Conseil des Cinq-Cents, puis conseiller d'État. — Inspecteur en chef aux revues. — Ministre en Lombardie. — Membre du sénat. — Organisa la constitution cisalpine. — Mort en 1806, à 57 ans.	
Officier d'artillerie. — Général de division à l'armée de Sambre et Meuse. — Reprit Mons, Landrecies, le Quesnoy, Valenciennes, Condé. - Commanda en chef l'armée des Pyrénées orientales, puis celle d'Italie. — Remporta, le 23 novembre 1795, la victoire de Loano. — Pendant son ministère, la conscription fut établie en France par un décret du 19 fructidor an vi (4 septembre 1798). — Fut ensuite inspecteur général des troupes françaises en Belgique. — A publié un *précis* de ses opérations militaires en Italie. — Mort en 1804.	
Officier du génie. — Général de brigade en 1796. — Général de division le 2 juillet 1799. — En 1789, député aux États généraux; puis membre de l'assemblée constituante. — Fit rendre le décret sur la fonte des cloches et voter l'impression des manuscrits de Lapérouse. — Présenta, le 4 août 1791, un rapport sur l'organisation des gardes nationales mobiles. — Commanda, en 1792, l'artillerie et le génie à l'armée des Alpes et	

DATE de la nomination.	MINISTRES SECRÉTAIRES D'ÉTAT.	MINISTRES INTÉRIMAIRES.	DATE de la cessation des fonctions.
2 juill. 1799 (14 mess. VII)	Bernadotte (Charles-Jean), général de division.	. . . .	14 sept. 1799 (28 fruct. VII)
14 sept. 1799 (28 fruct. VII)	. . . .	Général Milet de Mureau.	24 sept. 1799 (2 vend. VIII)
14 sept. 1799 (28 fruct. VII)	Dubois de Crancé (Edmond-Louis–Alexis), général de division.	. . . .	10 nov. 1799 (19 brum. VIII)
10 nov. 1799 (19 brum. VIII)	Berthier (Louis-Alexandre), général de division.	. . . .	2 avril 1800 (12 germ. VIII)

ACTES OU FAITS PRINCIPAUX.	OBSERVATIONS.

à celle du Var. — En 1796, chef de la 3ᵉ div.ⁿ du ministère, chargé de l'artillerie, du génie et des transports. — En 1814, directeur par intérim du dépôt général de la guerre. — Commissaire extraord. du roi en Corse; en 1816, membre du conseil d'administration de l'hôtel des Invalides. — Mort en 1825, à 69 ans.

Soldat en 1780, à 16 ans. — Général de division en 1794. — Maréchal de l'empire en 1804. — Prince royal de Suède en 1810. — Roi en 1818. — Se distingua aux armées de Sambre et Meuse et d'Italie. — Fut ambassadeur à Vienne. — Comme ministre, il déploya beaucoup d'activité et d'énergie. — Chef de la 8ᵉ cohorte de la Légion d'honneur. — Commanda en chef les armées de l'Ouest et de Hanovre. — Reçut le titre de prince de Ponte-Corvo pour sa belle conduite à la bataille d'Austerlitz. Mort à Stockholm en 1844, à 80 ans.

Lieutenant des maréchaux de France. — Député du tiers-état aux États généraux. — Membre de l'assemblée constituante (comité militaire), de la convention, dont il fut président, du conseil des Cinq-Cents. — Présenta, en 1791, un projet de constitution militaire et un rapport sur le recrutement, où l'on trouve la première idée de la conscription. — Fit décréter que les hommes de couleur seraient libres en mettant le pied sur le sol français. — Dirigea le siége de Lyon, comme commissaire de la convention. — Fit adopter plusieurs projets pour l'organisation générale de l'armée, l'embrigadement des troupes et la formation de l'infanterie légère. — Se retira après le 18 brumaire. — Mort en 1814, à 67 ans.

Ingénieur géographe en 1766. — Maréchal de l'empire en 1804; grand-veneur; chef de la 1ʳᵉ cohorte de la Légion d'honneur; colonel-général des Suisses; prince de Neufchâtel et de Wagram; vice-connétable; deux fois ministre. — En 1814, pair de France, capitaine des gardes-du-corps.

Se distingua dans la guerre de l'indépendance en Amérique et dans les campagnes de l'Ouest et d'Italie, notamment à Borghetto, à Lodi, à Rivoli. — Remit au directoire, en audience solennelle, le traité de Campo-Formio (1797). — Campagne d'Égypte. — Quitta le ministère en 1800 pour prendre le commandement de l'armée de réserve, qu'il avait été chargé d'organiser. — Marengo. — Signa la convention conclue avec le général Mélas le lendemain de cette bataille. — En 1805, major-général de la grande armée. — Reçut, le 18 sept., la capitulation d'Ulm. — Accompagna Napoléon dans toutes ses autres campagnes, toujours en qualité de major-général. — En 1810, fut envoyé à Vienne pour demander la main de l'archiduchesse Marie-Louise.

1ᵉʳ décembre 1799, formation de la garde des consuls. — 25 déc. 1799, institution des armes d'honneur. — 20 mai 1802, création de la Légion d'honneur. — 4 octobre 1802, réunion à Metz des écoles d'application de l'artillerie et du génie. — 28 janvier 1803, organisation de l'École spéciale militaire de Fontainebleau. — 21 avril 1803, loi qui accorde des propriétés territoriales aux vétérans, dans les 26ᵉ et 27ᵉ divisions militaires. — 19 mai 1804, création de 18 maréchaux d'empire. — A publié une *Relation* des campagnes du général Bonaparte en Égypte et en Syrie, et une *Relation* de la bataille de Marengo. — Mort en 1815.

DATE de la nomination.	MINISTRES SECRÉTAIRES D'ÉTAT.	MINISTRES INTÉRIMAIRES.	DATE de la cessation des fonctions.
2 avril 1800 (12 germ. VIII)	Carnot (Lazare - Nicolas - Marguerite), chef de bataillon du génie.	. . . .	8 oct. 1800 (16 vend. IX)
5 mai 1800 (15 flor. VIII)	. . . .	Général Lacuée (Jean-Gérard)	22 mai 1800 (2 prair. VIII)
8 oct. 1800 (16 vend. IX)	Berthier, maréchal et prince de Neufchâtel.	. . . .	4 sept. 1807
8 oct. 1800 (16 vend. IX)	. . . .	Général Lacuée	14 nov. 1800 (23 brum. IX)
9 août 1807	Clarke (Hippolyte-Jacques-Guillaume, duc de Feltre), général de division.	. . . .	3 avril 1814
12 mars 1802 (21 ventôse X)	Dejean (Jean-Franç. Aimé, comte), général de division, ministre directeur de l'administration de la guerre.	. . . .	2 janv. 1810
3 janv. 1810	Cessac (Lacuée, comte de), général de division, ministre directeur de l'administration de la guerre.	. . . .	19 nov. 1813

ACTES OU FAITS PRINCIPAUX.	OBSERVATIONS.
Ingénieur, écrivain politique, mathématicien, membre de l'Institut. Député à l'assemblée législative, puis à la convention. — Envoyé à l'armée du Nord, contribua aux victoires d'Hondscoot et de Watignies. — En 1793, membre du comité de salut public, chargé de la direction des opérations militaires. — En 1795, élu député par quinze départemens à la fois; puis membre du directoire. — Appelé au tribunat. — Sans emploi jusqu'en 1813, offrit à cette époque ses services à l'Empereur qui, par décret du 24 janvier 1814, le nomma général de division et gouverneur d'Anvers, qu'il défendit glorieusement jusqu'au traité de Paris. — Au 20 mars 1815, il fut nommé successivement ministre de l'intérieur, comte, pair de France et membre du gouvernement provisoire. — A publié plusieurs ouvrages importants, entre autres le *Traité sur la défense des places.* — Mort en 1823, à 70 ans.	
. . . .	Pendant un voyage que fit Carnot pour inspecter l'armée du Rhin.
1er janvier 1806, rétablissement du calendrier grégorien.	Pour la 2e fois. — Ne prit possession que le 14 novembre 1800.
Général de brigade en 1792. — Général de division en 1795. — Maréchal de France en 1816. — Chargé de plusieurs missions diplomatiques par le directoire et le premier consul. — Campagne de 1805. — Gouverneur de toute la Haute et Basse-Autriche. — Après la campagne de Prusse, gouverneur de Berlin et d'Erfurth; reçut le titre de duc de Feltre pour sa conduite à l'affaire de Walcheren, en juillet 1809. — Ministre trois fois. — Membre du conseil de régence, institué par l'Empereur, en janvier 1814; créé pair de France la même année par Louis XVIII. — Effectua, en 1815, le licenciement de l'armée et sa réorganisatⁿ.— Mort en 1818.	11 mars 1808, création des majorats et des titres héréditaires de prince, duc, comte, baron et chevalier.
Officier du génie. — Général de division en 1795. — Conseiller d'État. — L'un des commissaires chargés de l'exécution des conventions signées à Marengo. — Envoyé extraordinaire à Gênes. — Grand-trésorier de la Légion d'honneur. — Sénateur en 1812, et président à vie du collège électoral d'Indre-et-Loire. — En 1814, pair de France, gouverneur de l'École polytechnique; président du comité de liquidation de l'arriéré; directeur général des subsistances militaires. — Auteur de quelques brochures sur les subsistances. — Mort en 1824, à 75 ans.	Un décret du 17 ventôse an x (8 mars 1802) créa un nouveau ministre, dont les attributions se composaient de la partie administrative du département de la guerre.
Membre de l'Académie française et de celle des sciences morales et politiques. — Fit successivement partie de l'assemblée législative, du conseil des Anciens et de celui des Cinq-Cents. — Conseiller d'Etat, président de la section de la guerre. — Gouverneur de l'École polytechnique. — Directeur général des revues et de la conscription. — Ministre d'État en 1807. — Fit adopter plusieurs lois sur la désertion, sur l'embauchage, sur les pensions. — Pair de France en 1831. — A publié le *Guide de l'officier particulier en campagne*, le *Dictionnaire militaire* de l'encyclopédie méthodique. — Mort en 1841, à 89 ans.	

DATE de la nomination.	MINISTRES SECRÉTAIRES D'ÉTAT.	MINISTRES INTÉRIMAIRES.	DATE de la cessation des fonctions.
20 nov. 1813	Daru (Pierre-Antoine-Noël-Bruno, comte), ministre directeur de l'administration de la guerre.	. . . .	3o mars 1814
3 avril 1814	Dupont de l'Étang (Pierre, comte), lieutenant-génér.	. . . .	2 déc. 1814
2 déc. 1814	Dalmatie (Jean-de-Dieu), Soult, duc de), maréchal de France.	. . . .	12 mars 1815
12 mars 1815	Duc de Feltre (Clarke), lieutenant-général, pair de France.	. . . .	20 mars 1815

ACTES OU FAITS PRINCIPAUX.	OBSERVATIONS.
Historien, poëte, homme d'État. — Membre de l'Académie française. Commissaire des guerres en 1783. — Secrétaire général du ministère de la guerre, après le 18 brumaire. — Membre du tribunat. Ministre plénipotentiaire à Berlin. — Conseiller d'État. — Intendant général de la maison de l'Empereur et de la liste civile. — Commissaire général de la grande armée pendant la campagne de Prusse. — Ministre secrétaire d'État, et simultanément, en 1813, ministre de l'administration de la grande armée. — Ministre directeur de l'administration de la guerre, fonctions dont il a été de nouveau investi en 1815, durant les Cent jours. — Prit une part très-active aux grandes mesures d'organisation militaire de 1811, 1812 et 1813. — Pair de France en 1819. — Un grand nombre d'ouvrages : *Traduction en vers des œuvres d'Horace*; *Histoire de la république de Venise*; *Histoire de Bretagne*; *Poëme sur l'astronomie*, etc. — Mort en 1829, à 62 ans.	
Général de division en 1797, chef du cabinet topographique du ministre de la guerre. — En septembre 1815, membre du conseil privé et de la Chambre des députés. — Se distingua à Marengo, dans la campagne de 1805 et dans celle de Prusse. — 9 avril 1814, substitution de la cocarde blanche à la cocarde tricolore. — Auteur de poésies, notamment sur *la Liberté*, sur *l'Art de la guerre*, etc. — Mort en 1840, à 75 ans.	Commissaire pour la guerre, le 3 avril 1814, ministre, le 13 mai suivant.
Soldat en 1785. — Maréchal de l'empire en 1804. — Colonel-général de la garde impériale. — Chef de la 4ᵉ cohorte de la Légion d'honneur. — Commandant en chef du camp de Boulogne et du 4ᵉ corps d'armée. — Gouverneur de Vienne après la bataille d'Austerlitz. — Plénipotentiaire de l'Empereur pour l'exécution du traité de Tilsitt. — Gouverneur de Berlin. — Commandant en chef en Espagne et en Portugal. — Major-général de l'armée en 1815. — Pair de France. — Trois fois ministre de la guerre, et une fois des affaires étrangères. — Trois fois président du conseil. — Ambassadeur extraordinaire à Londres pour le couronnement de la reine d'Angleterre. — Maréchal général de France, le 26 septembre 1847. Bataille de Zurich; passage de la Linth (1799). — Siége de Gênes (mai 1800), où il fut blessé grièvement. — Memmingen, Austerlitz (1805). — Hoff, Eylau, Guttstadt, Bergfried, Kœnigsberg, Heilsberg, Lomitten (1807). — Burgos (1808). — La Corogne, Oporto, passage du Tage, Ocana (1809). — Olivenza (1811). — Lutzen, Bautzen, déblocus de Pampelune (1813). — Toulouse (10 avr. 1814).	
En 1830, réorganisa l'armée, qui lui doit de nombreuses améliorations et plusieurs lois importantes, telles que celles du 11 avril 1831 sur les pensions militaires; des 21 mars et 14 avril 1832, sur le recrutement de l'armée et sur l'avancement; et du 19 mai 1834, sur l'état des officiers. — A fait exécuter les travaux de fortification de Paris.	
. . . .	Pour la 2ᵉ fois.

DATE de la nomination.	MINISTRES SECRÉTAIRES D'ÉTAT.	MINISTRES INTÉRIMAIRES.	DATE de la cessation des fonctions.
20 mars 1815	Davout (Louis - Nicolas, prince d'Eckmühl) , maréchal de l'Empire.	. . . .	8 juill. 1815
9 juill. 1815	Gouvion-Saint-Cyr (Laur., comte de), maréchal et pair de France.	. . . .	24 sept. 1815
24 sept. 1815	Duc de Feltre (Clarke), maréchal et pair de France.	. . . .	12 sept. 1817
12 sept. 1817	Gouvion-Saint-Cyr (marquis), maréchal et pair de France.	. . . .	19 nov. 1819
24 juin 1819	. . . .	Marquis Dessole, lieutenant-général , ministre des affaires étrangères.	10 oct. 1819
19 nov. 1819	Latour-Maubourg (Marie-Victor-Fay, marquis de), lieutenant-général et pair de France.	. . . .	13 déc. 1821

ACTES OU FAITS PRINCIPAUX.	OBSERVATIONS.
Élève à l'école de Brienne en même temps que Napoléon. — Fit en qualité de général de brigade les campagnes de 1793, 1794 et 1795 aux armées de la Moselle et du Rhin. — Contribua puissamment à la victoire d'Aboukir. — Maréchal de l'empire en 1804 et commandant de la 6ᵉ cohorte de la Légion d'honneur. — Prit part aux victoires d'Ulm, d'Austerlitz. — Gagna la bataille d'Auerstædt (1806), qui lui valut le titre de duc d'Auerstædt — En 1807, gouverneur général du grand-duché de Varsovie. — Campagne d'Autriche (1809). — Nommé prince d'Eckmühl. sur le champ de bataille. — Campagne de Russie. — Défendit Hambourg en 1813. — Commandant en chef de l'armée de Paris en juin 1815. — Pair de France en 1819. — Mort en 1823, à 53 ans.	Le 5 avril 1815, le comte Daru nommé minist. d'État chargé de l'administration de la guerre.
Volontaire en 1792. — Maréchal de l'empire en 1812. — Conseiller d'État (1800). — Ambassadeur à Madrid. — En 1803, commandant en chef de l'armée d'occupation du royaume de Naples; puis colonel général des cuirassiers. — Pair de France en 1814. — Ministre de la guerre deux fois; une fois ministre de la marine. — Prit part, en qualité de général de division, à toutes les opérations de l'armée du Rhin. — Se distingua en Italie (1797). — En Catalogne (1809). — En Russie (1812), où il remporta la victoire de Polotsk, à la suite de laquelle il fut nommé maréchal de l'empire. — L'armée lui doit la loi du 10 mars 1818 sur le recrutement; l'ordonn. du 2 août 1818, sur l'avancement; la création du corps royal et de l'École d'application d'état-major. Il a laissé des *Mémoires* sur les campagnes de l'armée du Rhin, sur celles de 1812 et 1813, et sur les opérations de l'armée de Catalogne. — Mort en 1830, à 66 ans.	
. . . .	Pour la 3ᵉ fois. — M. le Vᵗᵉ Tabarié nommé sous-secrét. d'État de la guerre, le 9 mai 1816.
. . . .	Pour la 2ᵉ fois. M. le chevᵉʳ Allent, cons. d'État, nommé s.-secrét. d'État de la guerre le 17 sept. 1817
. . . .	En l'absence du maréchal Gouvion-Saint-Cyr.
Aide-de-camp de Kléber en Égypte (1799). — Nommé général de brigade à Austerlitz. — Général de division et comte de l'empire en 1807. — Campagnes d'Espagne et de Russie. — Blessé plusieurs fois grièvement, notamment à la bataille d'Alexandrie (Égypte), à Friedland, à Leipsick, où un boulet lui emporta la cuisse. — Se distingua à Heilsberg (1807), à Mojaïsk (1812), à Dresde (1813). — Pair de France en 1814. — Ambassadeur à Londres. — Gouverneur des Invalides le 13 décembre 1821. — Sous son ministère plusieurs ordonnances importantes furent rendues, entre autres celle du 25 octobre 1820, portant réorganisation de l'infanterie française. — Mort le 12 novembre 1850.	N'a pris possession que le 10 décembre.

DATE de la nomination.	MINISTRES SECRÉTAIRES D'ÉTAT.	MINISTRES INTÉRIMAIRES.	DATE de la cessation des fonctions.
19 nov. 1819	. . . .	Bon Portal, ministre de la marine	10 déc. 1819
14 déc. 1821	Bellune (Claude-Perrin *dit* Victor, duc de), maréchal et pair de France.	. . . .	18 oct. 1823
23 mars 1823	. . . .	Vte Digeon, lieutenant-général, pair de France	15 avril 1823
19 oct. 1823	Damas (Ange-Hyacinthe-Maxence, baron de), lieutenant-général, pair de France.	. . . .	3 août 1824
19 oct. 1823	. . . .	Cte du Coëtlosquet, lieutenant-général, directeur général du personnel	. . . .
4 août 1824	Clermont-Tonnerre (Aimé-Marie-Gaspard, marquis de), lieutenant-général, pair de France.	. . . .	4 janv. 1828
21 août 1825	. . . .	Bon de Damas, lieutenant général, ministre des affaires étrangères	29 sept. 1825

ACTES OU FAITS PRINCIPAUX.	OBSERVATIONS.
Soldat en 1781. — Maréchal de l'empire en 1807. — En 1814 pair de France, major-général de la garde royale. — En 1815, président de la commission chargée d'examiner la conduite des officiers pendant les Cent jours. — Ministre d'État et membre du conseil privé ; ambassadeur à Vienne. Se distingua comme général de brigade pendant les premières campagnes de la révolution, notamment aux affaires de Loano, de Cosaric, de Dego, de la Favorite et de Saint-George. — — Prit Ancône. — Commanda en Vendée, où il rétablit le calme. — Campagne d'Italie (1799). — Novi. — Montebello. — Marengo. — Campagne de 1806 et 1807. — Pultusk. — Nommé maréchal de l'empire sur le champ de bataille de Friedland. — Guerre d'Espagne. — Espinosa. — Sommo-Sierra. — Madrid. — Uclez. — Medelin. — Chiclana. — Campagnes de la grande armée en 1812, 1813 et 1814. — Blessé plusieurs fois : au siége de Toulon, à Iena, à Craonne, etc. — Mort en 1841.	
. . . .	Nommé secrét^{re} d'État pour être chargé du porte-feuille pend^t l'absence du maréchal nommé major-général de l'armée d'Espagne.
Lieutenant-général le 9 avril 1815. — Commandant la 8e division militaire. — Campagne d'Espagne (1823). — Ministre des affaires étrangères le 4 août 1824. — Gouverneur du duc de Bordeaux. — Aide-de-camp honoraire du Dauphin. — Ministre d'État et membre du conseil privé.	
. . . .	Chargé provisoirem.^{t} du porte-feuille de la guerre en l'absence de M. le baron de Damas.
Élève de l'École polytechnique. — Passa au service du roi Joseph en 1808. — Servit dans le royaume de Naples et en Espagne. — Maréchal-de-camp le 19 mars 1815. — Lieutenant-général en 1822. — Ministre de la marine en 1821. — Réorganisa l'école de cavalerie de Saumur. — Par trois ordonnances du 27 février 1825, fit régler la composition et l'organisation de l'infanterie, de la cavalerie et de l'artillerie. — Admis à la retraite en 1831.	
. . . .	Pendant un voyage de M. de Clermont-Tonnerre.

DATE de la nomination.	MINISTRES SECRÉTAIRES D'ÉTAT.	MINISTRES INTÉRIMAIRES.	DATE de la cessation des fonctions.
4 janv. 1828	De Caux (Louis-Victor de Blacquetot, vicomte), lieutenant-général, membre de la chambre des députés.	. . . .	8 août 1829
8 août 1829	Bourmont (Louis-Auguste-Victor de Ghaisne, comte de), lieutenant-général et pair de France.	. . . .	29 juill. 1830
18 avril 1830	. . . .	Prince de Polignac, président du conseil, ministre des affaires étrangères	29 juill. 1830
11 août 1830	Gérard (Maurice-Étienne, comte), lieuten.-général, membre de la chambre des députés.	. . . .	16 nov. 1830
17 nov. 1830	Maréchal duc de Dalmatie.	. . . .	17 juill. 1834

ACTES OU FAITS PRINCIPAUX.	OBSERVATIONS.
Officier du génie. — Fit en cette qualité les campagnes de la révolution. — Se distingua, en l'an VIII, à la bataille de Derback, à celle de Dillingen, au passage du Danube, aux affaires de Korich et de Bourgrieden. — En l'an IX, commanda le génie à l'armée du Rhin, et en 1809 au siége d'Anvers. — Chef de la division du génie au ministère de la guerre. — Conseiller d'État. — Directeur des opérations militaires et de la gendarmerie (1817). — Directeur général de l'administration de la guerre, le 5 novembre 1823. — Pendant son ministère, une ordonnance du 17 février 1828 créa un conseil supérieur de la guerre sous la présidence du Dauphin (1); ce conseil était chargé de discuter les projets de lois, d'ordonnances, de règlements et de décisions concernant l'organisation et la législation militaires, avant leur présentation au roi. — Pair de France (1832). — Mort en 1845, à 70 ans.	(1) Ce conseil était composé du ministre de la guerre, de trois maréchaux, de douze lieutenants - génér., de deux intendants militaires et d'un maréchal-de-camp, secrétaire.
Fit, en qualité de général de brigade, les campagnes de 1813 et de 1814. — Se distingua à Dresde et à Nogent. — Général de division à la suite de cette dernière affaire. — Le 11 avril 1830, commandant en chef de l'armée d'expédition d'Afrique. — Maréchal de France à l'occasion de la prise d'Alger, le 14 juillet 1830. — Contresigna l'ordonnance du 10 octobre 1829, qui plus tard servit de base à la loi du 11 avril 1831 sur les pensions militaires, et l'ordonnance du 3 janvier 1830, portant création et organisation des comités spéciaux de l'infanterie et de la cavalerie. — Mort le 27 octobre 1846.	M. le Vᵗᵉ Nomper de Champagny, maréchal-de-c., nommé sous-secrétaiʳᵉ d'État de la guerre le 25 mars 1830.
. . . .	Depuis le départ de M. de Bourmont pour l'expédⁿ d'Afrique.
Volontaire en 1791. - Général de division le 23 sept. 1812. - Comte de l'empire en 1813. - Maréchal de France le 17 août 1830. - Député. - Pair de France. - Deux fois ministre de la guerre; une fois président du conseil. - Commandant en chef des gardes nationales de la Seine. - Deux fois grand-chancelier de la Légion d'honneur. Se distingua dans les premières guerres de la révolution, notamment au passage de la Roër (an III). — Dans les campagnes d'Allemagne, de Portugal, de Russie, de Saxe, où il commandait en chef le 11ᵉ corps; de France, pendant laquelle il réunit au commandement en chef du corps des réserves de Paris, celui du 2ᵉ corps qui lui fut confié le jour de la bataille de Montereau; de 1831 et 1833 en Belgique, où il commandait en chef l'armée du Nord. - Wagram, Fuentès-Onoro, Valontina, Kowno, Goldberg, La Rotière, Montereau, Ligny, où il se couvrit de gloire (l'Empereur, d'après ses mémoires, lui destinait dès cette époque le bâton de maréchal; il le considérait comme une des espérances de la France). - Blessé très-grièvement à Austerlitz, où il fut nommé commandant de la Légion d'honneur, à Katzbach, à Bautzen, à Leipzig, à Wavres, etc. 1ᵉʳ août 1830, rétablissement des couleurs nationales. — 11 août, dissolution de la garde royale et de la maison militaire de Charles X. — 16 août, reconstitution de la garde municipale. — 27 août, dissolution du conseil supérieur de la guerre. — 10 août 1834, organisation de la justice en Algérie. — Plusieurs ordonnances pour la réorganisation et l'augmentation de l'armée.	Nommé ministre de la guerre par Charles X, le 29 juillet 1830. Commissaire au département de la guerre, le 1ᵉʳ août 1830.
. . . .	Pour la 2ᵉ fois. — Président du conseil le 11 octobre 1832.

DATE de la nomination.	MINISTRES SECRÉTAIRES D'ÉTAT.	MINISTRES INTÉRIMAIRES.	DATE de la cessation des fonctions.
3 juin 1831	. . . .	Périer (Casimir), président du conseil, ministre de l'intérieur	. . . .
24 nov. 1831	. . . .	Lieutenant – général comte Sébastiani, ministre des affaires étrangères	11 déc. 1831
7 juill. 1832	. . . .	Vice-amiral comte de Rigny, ministre de la marine	28 juill. 1832
6 juill. 1833	. . . .	Lieut.-gén. comte Sébastiani	14 août 1833
14 août 1833	. . . .	Vice-amiral comte de Rigny	26 août 1833
18 juill. 1834	Maréchal comte Gérard, pair de France.	. . . .	29 oct. 1834
29 oct. 1834	. . . .	Vice-amiral comte de Rigny	10 nov. 1834
10 nov. 1834	Bernard (Simon, baron), lieutenant-général.	. . . .	18 nov. 1834
18 nov. 1834	Trévise (Édouard-Adrien-Casimir-Joseph Mortier, duc de), maréchal et pair de France.	. . . .	12 mars 1835
12 mars 1835	. . . .	Vice-amiral comte de Rigny	30 avril 1835
30 avril 1835	Maison (Nicolas-Joseph, marquis), maréchal et pair de France.	. . . .	6 sept. 1836

ACTES OU FAITS PRINCIPAUX.	OBSERVATIONS.
. . . .	Chargé de l'expéd. des affaires cour. pendant un voyage du minist. dans les dép. de l'Est.
. . . .	Pendant le voyage que le ministre fit à Lyon avec Mgr. le duc d'Orléans.
. . . .	Pour la 2ᵉ fois. — Président du conseil.
Officier du génie en 1797. — Général de brigade le 23 mars 1814. — Aide-de-camp de l'Empereur, chef de son cabinet topographique. — Lieutenant-général en 1831. — Aide-de-camp du Roi. — Pair de France. — Deux fois ministre de la guerre. Fit sa première campagne à l'armée du Rhin (an vii), assista au blocus et au bombardement de Philisbourg, se distingua à l'affaire du camp retranché de Mannheim, où il eut le bras traversé par une balle; puis, en l'an viii, à l'armée de réserve à la prise d'assaut d'Yvrée, où il entra le premier; au combat de Montebello, au passage du Mincio, où il fut blessé. — Employé en Dalmatie (1806 — 1807), mit en état de défense les côtes du pays de Raguse. — Dirigea les grands ouvrages de défense à Anvers. — Retiré aux États-Unis, il y fit exécuter (1815 — 1830) d'immenses travaux de routes et de fortification. — Ordonnances des 20 et 25 décembre 1837 sur les services de marche, de la solde et des revues, et du 16 mars 1838 sur l'avancement dans l'armée. — Mort en 1839, à 60 ans.	
Volontaire en 1791. — Maréchal de l'empire en 1804. — Chef de la 2ᵉ cohorte de la Légion d'honneur. — En 1814, pair de France. — En 1830, ambassadeur en Russie. — Grand-chancelier de la Légion d'honneur. Se distingua dans toutes les guerres de la république, aux armées du Rhin, de Sambre et Meuse, du Danube, d'Helvétie. — Blessé devant Maubeuge (1793). — Conquit le Hanovre (1803). — Soumit la Hesse (1806). — Battit les Russes à Diernstein; les Suédois à Anklam (1807). — Contribua à la victoire de Friedland. — Commanda le 5ᵉ corps en Espagne. — Siége de Saragosse. — Ocana. — Siége de Cadix. — Gebora. — Campagne de Russie. — Gouverneur du Kremlin. — Lutzen, Dresde, Wachau, Leipzig, Hanau. — Campagne de 1814. — Défendit Paris. — Tué près du Roi en 1835, lors de l'attentat de Fieschi.	Président du conseil.
Volontaire en 1792. — Général de division en 1812. — Maréchal de France en 1829. — En 1814, pair de France, gouverneur de Paris. — En 1830, ministre des affaires étrangères; ambassadeur à Vienne et à Saint-Pétersbourg. Premières campagnes de la république aux armées du Nord, de	

DATE de la nomination.	MINISTRES SECRÉTAIRES D'ÉTAT.	MINISTRES INTÉRIMAIRES.	DATE de la cessation des fonctions.
6 sept. 1836	. . . .	Vice-amiral de Rosamel, ministre de la marine)	19 sept. 1836
19 sept. 1836	Baron Bernard, lieutenant général et pair de France.	. . . .	31 mars 1839
31 mars 1839	Cubières (A. L. Despans).	. . . .	12 mai 1839
12 mai 1839	Schneider (Ant. Virgile), lieut.-gén., membre de la Chambre des députés.	. . . .	1er mars 1840
1 mars 1840	Cubières.	. . . .	29 oct. 1840
29 oct. 1840	Duc de Dalmatie, maréchal et pair de France.	. . . .	10 nov. 1845
17 août 1844	. . . .	Vice-amiral Bon de Mackau, ministre de la marine	18 août 1844
10 nov. 1845	Moline de Saint-Yon (Alex. (Pierre), lieutenant-gén. et pair de France.	. . . .	9 mai 1847

ACTES OU FAITS PRINCIPAUX.	OBSERVATIONS.
Sambre et Meuse, du Rhin, de l'Ouest et de Hollande. — Campagnes d'Allemagne (1805-1806). — De Pologne (1807). — D'Espagne (1808). — De Russie (1812), où il fut nommé général de division, à la suite du combat de Polotsk. — De Belgique (1814). Expédition de Morée (1828). — Blessé très-grièvement plusieurs fois, notamment devant Mons, au combat de Cadembach, au pont de Limbourg, en Hollande, à Madrid, au passage de la Bérésina, etc. — Mort en 1840, à 70 ans.	
. . . .	Pour la deuxième fois.
. . . .	
Entré au service comme adjoint surnuméraire du génie en 1800. — Colonel en 1815. — Maréchal-de-camp en 1825. — Lieutenant-général en 1831. — Député. — Directeur du personnel et des opérations militaires au ministère de la guerre. Se distingua en Espagne (1808 — 1810); dans la campagne de Russie; au siége de Dantzick. — En 1815, chef d'état-major du général Rapp, commandant le 5e corps. — Campagne d'Espagne (1823). — Contribua à la prise de Pampelune. — Commandant en chef du corps d'occupation de Morée (1828). — — Pendant son ministère améliora le sort des officiers par diverses ordonn. sur la solde et la remonte. — Fut investi, le 28 nov. 1840, du comm. des troupes de la division hors Paris, qui ont puissamment coopéré aux trav. de fortific. de la capitale. — Auteur d'une *Histoire des îles Ioniennes*. — Mort le 11 juillet 1847, à 68 ans.	
. . . .	Pour la deuxième fois.
. . . .	A cessé ses fonctions comme ministre de la guerre p^r raison de santé. — Présid^t du conseil p^r la 3e fois, jusqu'au 15 sept. 1845.
Élève de l'école militaire de Fontainebleau. — Sous-lieutenant en 1805; lieutenant en 1807; capitaine en 1809; chef d'escadr. en 1813; officier d'ordonnance de l'Empereur en 1815; lieut.-colonel en 1830; colonel en 1831; mar.-de-camp en 1835; lieut.-général en 1844; successivement attaché au dépôt de la guerre, membre des comités d'état-major et de l'infanterie et de la cavalerie, directeur du personnel et des opérations milit. au ministère de la guerre. — Grand-officier de la Légion d'honn.^r, pair de France et ministre en novembre 1845. — Prit part à toutes les guerres de la péninsule sous l'empire. — Blessé, en 1813, devant Saint-Jean-de-Luz. — A publié un *Précis des guerres de religion*, une notice biographique sur le prince Eugène, un grand nombre d'articles dans les recueils et journaux militaires, et divers ouvrages littéraires.	M. le baron Martineau des Chesnez, cons^r d'État, s.-secrétaire d'État de la guerre, le 10 novemb. 1845.

DATE de la nomination.	MINISTRES SECRÉTAIRES D'ÉTAT.	MINISTRES INTÉRIMAIRES.	DATE de la cessation des fonctions.
9 mai 1847	Trezel (Camille-Alphonse), lieutenant-général, pair de France.	. . . .	24 fév. 1848
24 fév. 1848	Bedeau (Marie-Alphonse), lieutenant-général.	. . . .	. . . .
25 fév 1848	Subervic (Jacques-Gervais, baron), lieutenant-général	. . . .	19 mars 1848
19 mars 1848	. . . .	Arago (Franç.), membre du gouvernement provisoire et ministre de la marine.	5 avril 1848
20 mars 1848	Cavaignac (Louis-Eugène), général de division.	. . . .	. . . . . .
5 avril 1848	Arago (François), membre du gouvernement provisoire, ministre de la marine par intérim.	. . . .	11 mai 1848

ACTES OU FAITS PRINCIPAUX.	OBSERVATIONS.
Entré au service en 1801. — Sous-lieutenant ingénieur-géographe en 1805. — Aide-de-camp du général Gardanne, ambassadeur de France en Perse en 1807. — Adjudant commandant en 1813. — Maréchal-de-camp le 5 juillet 1815 (*nomination annulée par ordonnance du 1.er août 1815*). — Colonel d'état-major en 1818. — Maréchal-de-camp en 1829. — Lieutenant-général en 1837. A coopéré à la délimitation des frontières en 1814, 1816 et 1819. — Campagnes à l'état-major de la grande armée (1813), de l'armée du Nord (1815); de l'armée des Pyrénées (1823); du corps d'expédition en Morée (1829); du corps d'occupation d'Afrique (1831 à 1833). — A commandé en Algérie en 1835 et 1836. — A fait partie des comités d'état-major, de l'infanterie et de la cavalerie. — Directeur du personnel et des opérations militaires au ministère de la guerre. — Atteint de plusieurs coups de feu, dont l'un, reçu en Belgique, en 1815, lui a fait perdre l'œil gauche. — Grand-officier de la légion d'honneur et pair de France. — Admis à la retraite le 12 avril 1848.	M. Magne, député, s.-secrétaire d'État de la guerre, 24 novembre 1847.
. . . .	N'a point accepté.
Lieutenant en 1792. — Capitaine en 1793. — Aide-de-camp du général Lannes en 1797. — Chef d'escadron en 1803. — Colonel en 1805. — Général de brigade en 1811. — Lieutenant-général et chevalier de Saint-Louis en 1814. — Campagnes de la République et de l'Empire. — Blessé à la bataille de la Moskowa. — Admis à la retraite en 1825. — Rappelé à l'activité en 1830. — Successivement inspecteur général de cavalerie et membre du comité de l'infanterie et de la cavalerie. — Admis dans le cadre de réserve en 1841. — Député. En quittant le ministère, chancelier de l'ordre de la légion d'honneur. — Grand-Croix de cet ordre. — Membre de l'Assemblée constituante et de l'Assemblée législative. — Admis à la retraite.	
. . . .	N'a point accepté.
Élève de l'école polytechnique en 1803; classé le premier sur la liste de l'artillerie. — Secrétaire bibliothécaire de l'Observatoire à l'âge de 19 ans. — Chargé en 1806, conjointement avec M. Biot, d'aller compléter la mesure de l'arc du méridien en Espagne, mission qu'il accomplit au milieu des dangers de la guerre, et à laquelle il dut sa captivité en Afrique. — Membre de l'Institut; secrétaire perpétuel de l'académie des sciences; membre du bureau des longitudes; titulaire de la chaire d'astronomie à l'Observatoire, et professeur à l'école polytechnique. — Député. — Grand-officier de la légion d'honneur et membre de la plupart des ordres étrangers, comme il l'est de toutes les académies. En 1848, il est à la fois membre du gouvernement provisoire, ministre de la marine et président de la commission de défense nationale. — Plus tard, membre de la commission chargée du pouvoir exécutif. — A fait preuve d'un grand courage dans les journées de	Le lieutenant-colonel Charras, sous-secrétaire d'État de la g., le 5 avril 1848.

DATE de la nomination.	MINISTRES SECRÉTAIRES D'ÉTAT.	MINISTRES INTÉRIMAIRES.	DATE de la cessation des fonctions.
11 mai 1848	. . . .	Charras (Jean - Baptiste- Adolphe), lieut.-colonel d'infanterie, membre de l'Assemblée constituante.	17 mai 1848
17 mai 1848	Cavaignac (Louis-Eugène), général de division, membre de l'Assemblée constituante.	. . . .	28 juin 1848
28 juin 1848	Juchault de la Moricière (Christophe-Louis-Léon), général de division, membre de l'Assemblée constituante.	. . . .	20 déc. 1848

ACTES OU FAITS PRINCIPAUX.	OBSERVATIONS.
juin 1848. — Membre de l'Assemblée constituante et de l'Assemblée législative. Indépendamment de ses travaux sur l'astronomie et de ses admirables découvertes, qui le placent au premier rang dans la science, il a publié, en collaboration avec M. Gay-Lussac, près de 60 volumes des annales de physique et de chimie. Il a enrichi, par ses notes scientifiques, l'Annuaire du bureau des longitudes. On lui doit, en outre, des instructions pour toutes les expéditions maritimes, et il a prêté le concours de ses lumières à de nombreuses commissions instituées au ministère de la guerre. Par des expériences périlleuses, faites en commun avec M. Dulong, il est parvenu à déterminer, jusqu'à des tensions très-élevées, pour le service des machines à vapeur, la liaison qui existe entre la force élastique de la vapeur et sa température. Enfin, il est auteur des éloges historiques de Fresnel, Fourrier, Carnot, Ampère, Volta, Watt, Condorcet, Poisson, etc.	
Élève de l'école polytechnique en 1820. — Capitaine du génie en 1830. — Maréchal-de-camp en 1844. — Seize campagnes en Afrique. — Blessé devant Cherchell et devant Milianah. — Commandeur de la légion d'honneur en 1843. — Gouverneur général de l'Algérie, général de division et ministre en 1848. — Le 24 juin de la même année, en présence du danger dont la société est menacée, un décret de l'Assemblée nationale lui délègue tous les pouvoirs exécutifs, qu'il dépose le 28 juin. Le même jour l'Assemblée déclare qu'il a bien mérité de la patrie, et lui confie de nouveau le pouvoir exécutif avec le titre de Président du conseil des ministres, qu'il conserve jusqu'au 20 décembre 1848. — Membre de l'Assemblée législative. A publié une brochure sur la régence d'Alger.	Le lieutenant-colonel Charras, représentant du peuple, sous-secrétaire d'État.
Élève de l'école polytechnique en 1824. — Lieutenant du génie en 1829. — Capitaine aux zouaves en 1830. — Colonel de ce corps en 1837. - Maréchal-de-camp en 1840. - Lieutenant-général en 1843. Gouverneur général de l'Algérie par intérim en 1845. — Grand-officier de la légion d'honneur le 14 janv. 1848. — A particulièrement contribué à la soumission d'Abd-el-Kader. — S'est distingué sur plusieurs champs de bataille, en Afrique, où il compte 18 campagn[es] — Blessé par l'explosion d'une mine à l'assaut de Constantine. En mars 1848, membre de la commission de défense nationale. — Dans les journées de juin, la société menacée trouve en lui l'un de ses plus intrépides défenseurs. — Ministre de la guerre le 28 juin et commandant en chef de l'armée de Paris. — Envoyé extraordinaire et ministre plénipotentiaire en Russie, en juillet 1849. — Élu plusieurs fois vice-président de l'Assemblée nationale. — Membre de l'Assemblée législative. A provoqué le décret de cette assemblée du 19 sept. 1848, qui a ouvert un crédit de 50 millions pour l'établissement des colonies agricoles en Algérie. — Des études préparatoires pour la colonisation de la province d'Oran avaient antérieurement été faites et publiées sous sa direction.	Idem.

DATE de la nomination.	MINISTRES SECRÉTAIRES D'ÉTAT.	MINISTRES INTÉRIMAIRES.	DATE de la cessation des fonctions.
20 déc. 1848	Rullière (Joseph - Marcellin), général de division, membre de l'Assemblée constituante.	. . . .	31 oct. 1849
31 oct. 1849	D'Hautpoul (Alphonse-Henri), général de division, membre de l'Assemblée législative.	. . . .	22 oct. 1850
22 oct. 1850	De Schramm (Jean-Paul-Adam), général de division.	. . . .	9 janv. 1851

ACTES OU FAITS PRINCIPAUX.	OBSERVATIONS.

Admis dans les vélites de la garde impériale, en 1807. — Sous-lieu-
tenant en 1809. — Chef de bataillon en 1813. — Colonel en 1826.
— Maréchal-de-camp en 1832. — Lieutenant-général en 1837. —
Grand officier de la légion d'honneur en 1839. — Pair de France
en 1845. — Vingt - deux campagnes en Prusse, en Pologne,
en Espagne, en Autriche, en France, en Morée, en Afrique.
— Blessé en Espagne et prisonnier en Russie. — Admis à la
retraite le 7 avril 1848. — Membre de l'Assemblée constituante.
— Ministre de la guerre, membre de l'Assemblée législative. —
Promoteur de la loi du 11 août 1849 qui a relevé de la retraite
les officiers généraux et supérieurs admis d'office dans cette
position par des décrets du Gouvernement provisoire. — Relevé
lui-même de la retraite, en vertu de cette loi.

Élève de l'école militaire de Fontainebleau. — Sous-lieutenant
d'infanterie en 1806. — Capitaine en 1811. — Chef de bataillon,
major, colonel en 1815. — Colonel du 3e régiment de la garde
royale en 1823, avec rang de maréchal-de-camp. — Directeur
de l'administration au ministère de la guerre en mars 1830. —
Lieutenant-général en 1841. — Grand-Officier de la légion d'honneur en 1844. — Treize campagnes : 1806, 1807 (Allemagne,
Prusse et Pologne), de 1808 à 1815 (Espagne, Portugal et France),
1823 (Espagne), 1841, 1850 (Algérie). Blessé deux fois grièvement
à la bataille des Arapiles, en Espagne (1812`, et fait prisonnier
de guerre. — Depuis 1830, chargé successivement de plusieurs
inspections générales en France et en Algérie, du commandement de divers départements et de la 8e division militaire. —
Député, Pair de France. — Admis à la retraite en 1848, par
décret du Gouvernement provisoire ; relevé de cette position,
en vertu de la loi du 11 août 1849. — Pendant son ministère,
suppression de la succursale de l'hôtel des Invalides à Avignon ;
création du comité consultatif de l'Algérie ; suppression des
hôpitaux militaires d'instruction et création d'une école d'application de la médecine militaire ; diverses réductions dans l'effec-
tif des troupes de l'administration, des vétérans, des guides. —
En quittant le ministère, Gouverneur général de l'Algérie.

Sous-lieutenant en 1804. — Lieutenant en 1805. — Chevalier de
la légion d'honneur, à la suite de la bataille d'Austerlitz. —
Capitaine aide de camp en avril 1807. — Capitaine dans la garde
impériale en juin 1807. — Chef de bataillon dans la même garde
en 1811. — Colonel-major du 2e régiment de voltigeurs de cette
garde, en avril 1813. — Général de brigade en septembre 1813.
— Lieutenant-général en 1832. — Grand-Croix de la légion
d'honneur en 1840.
Campagnes sur les côtes (ans 12 et 13 ; à la grande armée (an 14,
1806, 1807); d'Espagne (1808); d'Allemagne (1809); d'Espagne
(1810, 1811); de Russie (1812); à la grande armée (1813); de
Belgique (1831, 1832); en Algérie (1840, 1841). — Blessé plusieurs
fois très-grièvement, à Heilsberg, à Lutzen, où il fut nommé officier
de la légion d'honneur; à Dresde, en Algérie. — Prisonnier de
guerre en 1813, par suite de la violation de la capitulation de Dresde.
Depuis 1830, directeur général du personnel et des opérations
militaires au ministère de la guerre. — Conseiller d'État, député, pair de France. — Inspecteur général d'infanterie. —

DATE de la nomination.	MINISTRES SECRÉTAIRES D'ÉTAT.	MINISTRES INTÉRIMAIRES.	DATE de la cessation des fonctions.
9 janv. 1851	Regnaud de Saint-Jean d'Angely (Aug. Michel-Étienne), général de division, membre de l'Assemblée législative.	. . . .	24 janv. 1851
24 janv. 1851	Randon (Jacques-Louis-César-Alexandre), général de division.	. . . .	

ACTES OU FAITS PRINCIPAUX.	OBSERVATIONS.
Chef d'état-major général de l'armée d'Afrique en 1840 et chargé du commandement en chef de cette armée en 1841. — A fait partie successivement de nombreuses commissions relatives à l'organisation de l'armée et de la commission de défense nationale en 1848. — Président du comité de l'infanterie. — A publié un ouvrage sur les manœuvres de cette arme.	
Élève de l'école militaire de Saint-Germain. — Sous-lieutenant de cavalerie en 1812. — Lieutenant en 1813. — Capitaine le 15 mars 1814. (Cette dernière nomination fut annulée par décision royale du 17 mai 1814.) — Rétabli dans ce grade, officier d'ordonnance de l'Empereur et chef d'escadron, pendant les cent jours. — Remis lieutenant en août 1815. — Lieutenant-colonel en 1830. — Colonel en 1832. — Maréchal-de-camp en 1841. — Général de division le 10 juillet 1848. — Grand-Officier de la légion d'honneur en 1849. — Campagnes de 1812, 1813 et 1814 (grande armée, Saxe, France), de 1815, puis de 1831-1833 en Belgique, de 1849 en Italie. — A successivement commandé divers départements, des brigades de cavalerie, la division de cavalerie de l'armée des Alpes en 1848. — Commandant des troupes de terre du corps expéditionnaire de la Méditerranée en 1849. — Inspecteur général. — Membre de l'Assemblée constituante et de l'Assemblée législative.	

www.ingramcontent.com/pod-product-compliance
Lightning Source LLC
Chambersburg PA
CBHW061314060726
47596CB00003B/888